RECUEIL

DES

PRINCIPAUX ALPHABETS

DES LANGUES

DE L'ORIENT ET DE L'EUROPE

PARIS

IMPRIMERIE NATIONALE

1849-1850

RECUEIL

DES

PRINCIPAUX ALPHABETS

DES LANGUES

DE L'ORIENT ET DE L'EUROPE

IMPRIMERIE NATIONALE

1849-1850

ORDRE DES ALPHABETS.

TABLEAU DES 214 CLEFS CHINOISES.

ORDRE.	FIGURE.	NOM.	ORDRE.	FIGURE.	NOM.	ORDRE.	FIGURE.	NOM.	ORDRE.	FIGURE.	NOM.	ORDRE.	FIGURE.	NOM.
1	一	Ï.	44	尸	Chi.	87	爪	Tchaò.	130	肉	Joù.	173	雨	Iù.
2	丨	Kouén.	45	屮	Tchhé.	88	父	Fòu.	131	臣	Tchhìn.	174	青	Thsing.
3	丶	Tchù.	46	山	Chàn.	89	爻	Hiaò.	132	自	Tséu.	175	非	Fèï.
4	丿	Phiéï.	47	巛	Tchhoùàn.	90	爿	Tchhoùàng.	133	至	Tchi.	176	面	Miàn.
5	乙	Ï.	48	工	Koùng.	91	片	Piàn.	134	臼	Khieoù.	177	革	Kĕ.
6	亅	Khioŭeï.	49	己	Ki.	92	牙	Yà.	135	舌	Jé, ché.	178	韋	'Wèï.
7	二	Éul.	50	巾	Kin.	93	牛	Nieoù.	136	舛	Tcì, hoùan.	179	韭	Kicoù.
8	亠	Thôou.	51	干	Kàn.	94	犬	Khioùàn.	137	舟	Tcheoù.	180	音	Yèn, în.
9	人	Jîn.	52	幺	Yaò.	95	玄	Hioùàn.	138	艮	Kén.	181	頁	Hiĕï.
10	儿	Jîn.	53	广	Yàn.	96	玉	Iu.	139	色	Sè.	182	風	Foùng.
11	入	Ji.	54	廴	Yèn.	97	瓜	Koùa.	140	艸	Thsaò.	183	飛	Fèï.
12	八	Pa.	55	廾	Koùng.	98	瓦	Wà.	141	虍	Hoù.	184	食	Chi.
13	冂	Khioùng.	56	弋	Ï.	99	甘	Kàn.	142	虫	Hoùï.	185	首	Cheoù.
14	冖	Mi.	57	弓	Koùng.	100	生	Sèng.	143	血	Hioùeï.	186	香	Hiàng.
15	冫	Ping.	58	彐	Ki.	101	用	Yoùng.	144	行	Hìng.	187	馬	Mà.
16	几	Khi.	59	彡	Sàn.	102	田	Thian.	145	衣	Ï.	188	骨	Koù.
17	凵	Khàn.	60	彳	Tchhi.	103	疋	Soù.	146	襾	Yà.	189	高	Kaô.
18	刀	Taò.	61	心	Sin.	104	疒	Ni.	147	見	Kiàn.	190	髟	Picoù.
19	力	Li.	62	戈	Kò.	105	癶	Pò.	148	角	Kiò.	191	鬥	Teoù.
20	勹	Paò.	63	戶	Hoù.	106	白	Pé.	149	言	Yàn.	192	鬯	Tchhàng.
21	匕	Pi.	64	手	Cheoù.	107	皮	Phi.	150	谷	Koù.	193	鬲	Li.
22	匚	Fàng.	65	支	Tchï.	108	皿	Mìng.	151	豆	Teòu.	194	鬼	Koùeï.
23	匸	Hi.	66	攴	Phoù.	109	目	Mou.	152	豕	Chi.	195	魚	Iù.
24	十	Chi.	67	文	Wèn.	110	矛	Mèou.	153	豸	Tchhi.	196	鳥	Niaò.
25	卜	Pou.	68	斗	Teòu.	111	矢	Chi.	154	貝	Péï.	197	鹵	Loù.
26	卩	Tsieï.	69	斤	Kin.	112	石	Chi.	155	赤	Tchhï.	198	鹿	Loù.
27	厂	Hàn.	70	方	Fàng.	113	示	Khi.	156	走	Tseòu.	199	麥	Mĕ.
28	厶	Ssè.	71	无	Woù.	114	禸	Jeoù.	157	足	Tsoù.	200	麻	Mà.
29	又	Yéou.	72	日	Ji.	115	禾	Hò.	158	身	Chìn.	201	黃	Hoàng.
30	口	Kheoù.	73	曰	Youeï.	116	穴	Hioùeï.	159	車	Kiù.	202	黍	Chù.
31	囗	'Wéï.	74	月	Youéï.	117	立	Li.	160	辛	Sìn.	203	黑	Hĕ.
32	土	Thoù.	75	木	Mou.	118	竹	Tchou.	161	辰	Tchìn.	204	黹	Tchi.
33	士	Ssè.	76	欠	Khiàn.	119	米	Mi.	162	辵	Tchhŏ.	205	黽	Mìng.
34	夂	Tchi.	77	止	Tchi.	120	糸	Mi.	163	邑	Ï.	206	鼎	Tìng.
35	夊	Soùï.	78	歹	Yà.	121	缶	Feoù.	164	酉	Yéou.	207	鼓	Koù.
36	夕	Si.	79	殳	Chù.	122	网	Wàng.	165	釆	Piàn.	208	鼠	Chù.
37	大	Tà.	80	毋	Woù.	123	羊	Yàng.	166	里	Li.	209	鼻	Pi.
38	女	Niù.	81	比	Pi.	124	羽	Iù.	167	金	Kin.	210	齊	Thsï.
39	子	Tseù.	82	毛	Maò.	125	老	Laò.	168	長	Tchàng.	211	齒	Tchhi.
40	宀	Mian.	83	氏	Chi.	126	而	Eùl.	169	門	Mèn.	212	龍	Loùng.
41	寸	Thsùn.	84	气	Khi.	127	耒	Loùï.	170	阜	Feoù.	213	龜	Koùeï.
42	小	Siaò.	85	水	Choùï.	128	耳	Eùl.	171	隶	Taï.	214	龠	Yŏ.
43	尢	Wàng.	86	火	Hò.	129	聿	In.	172	隹	Tchoùï.			

A. P.

SYLLABAIRE JAPONAIS.

ORDRE.	LETTRES SIMPLES et avec le signe pour adoucir.		Valeur et noms		ORDRE.	LETTRES SIMPLES et avec le signe pour adoucir.		Valeur et noms	
			simples.	adoucis.				simples.	adoucis.
1.	イ		I.		31.	ケ	ゲ	Ke,	ge.
2.	ロ		Ro.		32.	フ	ブ	Fou,	bou.
3.	ハ	バ	Fa,	ba.	33.	コ	ゴ	Ko,	go.
4.	ニ		Ni.		34.	エ		Ye.	
5.	ホ	ボ	Fo,	bo.	35.	テ	デ	Te,	de.
6.	ヘ	ベ	Fe,	be.	36.	ア		A.	
7.	ト	ド	To,	do.	37.	サ	ザ	Sa,	za.
8.	チ	ヂ	Tsi,	dzi.	38.	キ	ギ	Ki,	gi.
9.	リ		Ri.		39.	ユ		You.	
10.	ヌ		Nou.		40.	メ		Me.	
11.	ル		Rou.		41.	ミ		Mi.	
12.	ヲ		O.		42.	イ	ジ	Si,	zi.
13.	ワ		Wa.		43.	ヱ		Ye.	
14.	カ	ガ	Ka,	ga.	44.	ヒ	ビ	Fi,	bi.
15.	ヨ		Yo.		45.	モ		Mo.	
16.	タ	ダ	Ta,	da.	46.	セ	ゼ	Se,	ze.
17.	レ		Re.		47.	ス	ズ	Sou,	zou,
18.	ソ	ゾ	So,	zo.					
19.	ツ	ヅ	Tsou,	dzou.		ABRÉVIATIONS ET LIGATURES.			
20.	子		Ne.		48.	ン		N, *final.*	
21.	ナ		Na.		49.	ト		St.	
22.	ラ		Ra.		50.	尾	尾	Tomo, domo.	
23.	ム		Mou.		51.	井		Toki.	
24.	ウ		Ou.		52.	ナ			
25.	井		I.		53.	フ		. . . .	
26.	ノ		No.		54.	ヽ		Signes de la répétition d'une syllabe.	
27.	オ		Wo.		55.	ヽ			
28.	ク	グ	Kou,	gou.		”		Signe pour adoucir les consonnes.	
29.	ヤ		Ya.			゜		Point diacritique.	
30.	マ		Ma.						

ALPHABET PERSÉPOLITAIN.

ORDRE.	FIGURES.	VALEUR.	ORDRE.	FIGURES.	VALEUR.
1.		Â.	18.		F.
2.		I.	19.		B.
3.		U.	20.		M.
4.		K.	21.		Hm.
5.		Q.	22.		N.
6.		Kh.	23.		Y.
7.		G.	24.		R.
8.		Gh.	25.		L.
9.		Tch.	26.		V.
10.		Tchh.	27.		W.
11.		Dj.	28.		Ç.
12.		T.	29.		Ch.
13.		Th.	30.		Z.
14.		D.	31.		H.
15.		Dh.	32.		Thr
16.		D'h.	33.		Rp.
17.		P.			

ALPHABET MÉDIQUE

D'APRÈS UN MÉMOIRE DE M. DE SAULCY, INSÉRÉ DANS LE JOURNAL ASIATIQUE.

VOYELLES SIMPLES.

A.	A.	I.	Y.	OU	OÛ	Ô.

VOYELLES ASPIRÉES.

HA.	HE ou E?	HOU.

DIPHTHONGUES.

YA.	AÏ?

ORDRE.	VALEUR.	CONSONNES.				CONSONNES REDOUBLÉES.	
		FIGURE.	AVEC A.	AVEC E ou I.	AVEC O ou OU.	VALEUR.	FIGURE.
1.	K.					KKA.	
2.	Q.					KHKA.	
3.	KH.					KHKHOU.	
4.	G dur.					GHKI.	
5.	GH.					CHCHA.	
6.	KCH.					CHCHI.	
7.	T.					ZZA.	
8.	TH.					NNA.	
9.	D (ou T).						
10.	DH.						
11.	P.						
12.	B ou P.						
13.	F ou PH.						
14.	S.						
15.	Ç.						
16.	CH.						
17.	Z.						
18.	N.						
19.	M, W.						
20.	R ou L.						
21.	RR.						
22.	AR (semi-voyelle.)						

Le signe ⊺ se place devant les noms propres et les mots à distinguer.

◁◁◁ Signe figuratif du pluriel, emprunté à l'écriture assyrienne.

1850. A. P.

ORDRE.	FIGURES.	VALEUR EN ARABE.	EN FRANÇAIS.	ORDRE.	FIGURES.	VALEUR EN ARABE.	EN FRANÇAIS.
1.	ⴕ ⴗ	ا	A.	18.	◦	ع	'A.
2.	ⵏⴼⴼⵔⵄⵀⵀⵜ	ب	B.	19.	ⵟ Ⲅ ⵟ ⵟ ⵟ	غ	R', Gh.
3.	X X	ت	T.	20.	◊ ◊	ف	F.
4.	8 8	ث	Ts.	21.	◊	ق	Q.
5.	ⵇ Ⲅ	ج	Dj.	22.	ⴕ ⴕ ⴕ ⴕ	ك	K.
6.	Ψ Ψ	ح	H'.	23.	ⵇ ⵔ ⵇ ⵔ	ل	L.
7.	Ⴘ Ⴘ Ⴘ Ⴘ	خ	Kh.	24.	ⴰ ⴱ ⵀ ⵀ ⵀ	م	M.
8.	ⵀ ⵀ ⴺ ⴽ	د	D.	25.	ⵁ ⵃ ⵁ	ن	N.
9.	Ⱨ Ⱨ Ⱨ Ⱨ Ⱨ	ذ	Dz.	26.	⊙ ∞ ∞	و	Ou.
10.	> <) (◊ ◅ 2 ℰ > <	ر	R.	27.	Ⴘ Ⴘ Ⴘ	ه	H.
11.	ⵝ ⵝ ⵝ	ز	Z.	28.	ⵦ ⵦ	ي	Y.
12.	ⴕ ⴕ ⴕ ⴕ	س	S.				
13.	ℰ ℰ ℰ ℰ ℰ ℰ ℰ	ش	Ch.		Signe disjonctif.		
14.	ⴕ ⴕ ⴕ	ص	S'.		⊔⊓ = ⌐⊓		
15.	⊟	ض	D'.				
16.	⊞	ط	T'.				
17.	ⴕ ⴕ ⴕ	ظ	Z'.				

ALPHABET HÉBREU

COMPARÉ

A L'ALPHABET RABBINIQUE ET AU SAMARITAIN.

ORDRE.	HÉBREU.			NOM en hébreu.	NOM en français.	VALEUR en lettres.	VALEUR en nombre.	RABBINIQUE.			SAMARITAIN	
	Isolées.	Finales.	Allongées.					Isolées.	Finales.	Allongées.	de Saulcy.	de la Propagande.
1.	א		א	אלף	Alef.	a.	1.	(rabb.)		(rabb.)	(sam.)	(sam.)
2.	ב		....	בית	Beth.	b.	2.	(rabb.)		..	(sam.)	(sam.)
3.	ג	....	....	גימל	Ghimel.	gh.	3.	(rabb.)		..	(sam.)	(sam.)
4.	ד			דלת	Daleth.	d.	4.	(rabb.)	..		(sam.)	(sam.)
5.	ה		ה	הא	Hé.	h.	5.	(rabb.)	....	(rabb.)	(sam.)	(sam.)
6.	ו		.	וו	Ouaou.	ou.	6.	(rabb.)			(sam.)	(sam.)
7.	ז	..	....	זין	Zaïn.	z.	7.	(rabb.)			(sam.)	(sam.)
8.	ח			חית	Kheth.	kh.	8.	(rabb.)	.		(sam.)	(sam.)
9.	ט	.	....	טית	Teth.	t.	9.	(rabb.)			(sam.)	(sam.)
10.	י			יוד	Iod.	i.	10.	(rabb.)	.	....	(sam.)	(sam.)
11.	כ	ך		כף	Caf.	c.	20.	(rabb.)	ך	....	(sam.)	(sam.)
12.	ל	....	ל	למד	Lamed.	l.	30.	(rabb.)	....	ל	(sam.)	(sam.)
13.	מ	ם	ם	מם	Mem.	m.	40.	(rabb.)	ס	(rabb.)	(sam.)	(sam.)
14.	נ	ן		נון	Noun.	n.	50.	(rabb.)	ן		(sam.)	(sam.)
15.	ס		...	סמך	Samech.	s.	60.	(rabb.)		..	(sam.)	(sam.)
16.	ע		..	עין	Aïn.	'a.	70.	(rabb.)		.	(sam.)	(sam.)
17.	פ	ף		פא	Fé.	f.	80.	(rabb.)	..	....	(sam.)	(sam.)
18.	צ	ץ		צדי	Tsadé.	ts.	90.	(rabb.)	(final)	....	(sam.)	(sam.)
19.	ק	..		קוף	Kof.	k.	100.	(rabb.)	(final)	..	(sam.)	(sam.)
20.	ר			ריש	Resch.	r.	200.	(rabb.)	....	....	(sam.)	(sam.)
21.	ש		.	שין	Schin.	sch.	300.	(rabb.)		..	(sam.)	(sam.)
	ש			שין	Sin.	s.						
22.	ת	....	ת	תו	Tau.	t.	400.	(rabb.)	....	(rabb.)	(sam.)	(sam.)

TABLEAU

DES

VOYELLES ET ACCENTS HÉBRAÏQUES.

NOM.	FIGURE.	VALEUR.	POSITION.	OBSERVATIONS.
VOYELLES.				
Kamets.	:	a	Sous la consonne.	Le ז se place aussi dans le ventre du caph final, ex. ך.
Tséré.	..	é.	Sous la consonne.	
Chirik *long.*	.	i.	Sous le י (').	
Kholem.	.	ô.	Sur le ו (ו) et les autres consonnes.	Ce signe se place toujours à l'extrémité gauche des consonnes, quand il a la valeur de l'ô.
Schourek.	.	ou.	Dans le ו (ו).	
Phatah.	–	a *bref.*	Sous la consonne.	
Ségol.	..	e *bref.*	Sous la consonne.	
Chirik *bref.*	.	i *bref.*	Sous la consonne.	
Kamets-kateph.	:	o *bref.*	Sous la consonne.	Figure semblable à celle du kamets ז. – Voir, dans la Grammaire, les cas où le ז doit être prononcé comme un o bref.
Kibbuts.	.	u *bref.*	Sous la consonne.	
Scheva.	:	e *très-bref.*	Sous la consonne.	
Kateph-phatah.	-:	a *très-bref.*	Sous la consonne.	
Kateph-ségol.	.:	e *très-bref.*	Sous la consonne.	
Kateph-kamets.	.:	o *très-bref.*	Sous la consonne.	
ACCENTS.				
Daghes.	.	Signe de redoublement des consonnes.	Dans la consonne.	
Mappik.	.	Légère aspiration.	Dans le ה (ה), à la fin des mots.	Ce signe indique que le ה doit être prononcé.
Sillouk	׀	Ponctuation	Sous la dernière lettre du dernier mot d'une phrase, avant le :.	
Atnah.	^	Équivaut à notre comma.	Sous le mot du milieu du verset.	
Rébiha.	.	Repos sur une consonne.	Sur la consonne, et au milieu, tandis que le kholem se met à l'extrémité gauche.	Équivaut au *djezma* des Arabes.
Ségolta.	.	Équivaut à notre virgule.	Sur la consonne.	
Sakeph-katon.	:	Pause légère, moindre que la précédente.	Sur la consonne.	
Sakeph-gadol.	k	Pause légère, même valeur que la précédente.	Sur la consonne.	
Méthey.	.	Séparation des syllabes.	Sous les mots.	Cette figure se place au-dessous de tous les mots, tandis que le sillouk, auquel elle ressemble, ne se met qu'à la fin de la phrase.
Makkeph.	–	Trait d'union dans les mots composés, et division à la fin des lignes.	Entre les mots.	Ces deux figures appartiennent au corps des consonnes.
Soph-phasouk.	:	Équivaut à notre *point.*	À la fin des versets, ou du discours.	

ALPHABET PHÉNICIEN.

ORDRE.	NOMS.	FIGURES.	VALEUR	
			EN HÉBREU.	EN FRANÇAIS.
1.	Aleph.		א	A.
2.	Beth.		ב	B.
3.	Ghimel.		ג	G.
4.	Daleth.		ד	D.
5.	Hé.		ה	H.
6.	Ouaou.		ו	Ou.
7.	Zaïn.		ז	Z.
8.	Kheth.		ח	Kh.
9.	Theth.		ט	Th.
10.	Iod.		י	I.
11.	Kaf.		ך כ	K.
12.	Lamed.		ל	L.
13.	Mem.		ם מ	M.
14.	Noun.		ן נ	N.
15.	Samech.		ס	S.
16.	'Aïn.		ע	'A.
17.	Fé.		פ	F.
18.	Tsadé.		ץ צ	Ts.
19.	Qof.		ק	Q.
20.	Resch.		ר	R.
21.	Chin.		ש	Ch.
22.	Tau.		ת	T.

LETTRES NUMÉRALES.

A. P.

ALPHABETS

PHÉNICIEN ET PALMYRÉNIEN.

ORDRE.	NOM.	PHÉNICIEN.	PALMYRÉNIEN.		VALEUR.	LIGATURES.		VARIATIONS.	
			N° 1.	N° 2.		FRANÇAIS.	PALMYR.	FRANÇAIS.	PALMYR.
1.	Aleph.				A.	b-a.		Ghimel.	
2.	Beth.				B.	b-g.		Daleth.	
3.	Ghimel.				Gh.	b-d, r.		Ouaou.	
4.	Daleth.				D.	b-ou.		Kheth.	
5.	Hé.				H.	h-ou.		Iod.	
6.	Ouaou.				Ou.	h-i.			
7.	Zaïn.				Z.	m-a.		Lamed.	
8.	Kheth.				Kh.	m-g.			
9.	Teth.				T.	m-d, r.		Mem.	
10.	Iod.				I.	m-ou.		Noun.	
						m-i.		Samech.	
11.	Kaf.				K.	m-t.		'Aïn.	
						n-ou.		Sin.	
12.	Lamed.				L.	n-i.			
13.	Mem.				M.	n-t.		Thau.	
14.	Noun.				N.	s-g.			
						s-d, r.			
15.	Samech.				S.	t-ou.		NUMÉRALES.	
						t-t.			
16.	'Aïn.				'A.				
17.	Fé.				F.				
18.	Tsadé.				Ts.				
19.	Qof.				Q.				
20.	Resch.				R.				
21.	Sin, schin.				S, sch.				
22.	Thau.				Th.				

1850.

A. P.

ORDRE.	NOMS.	LETTRES ESTRANGHELO				LETTRES NESTORIENNES				VALEUR.	VOYELLES.
		ISOLÉES.	FINALES.	MÉDIALES.	INITIALES.	ISOLÉES.	FINALES.	MÉDIALES.	INITIALES.		
1.	Olaf.									A.	
2.	Beth.									B.	
3.	Gomal.									G.	
4.	Dolath.									D.	
5.	Hé.									H.	
6.	Ouaou.									Ou.	
7.	Zaïn.									Z.	
8.	Kheth.									Kh.	
9.	Teth.									T.	
10.	Ioud.									I.	
11.	Cof.									C.	
12.	Lomad.									L.	
13.	Mim.									M.	
14.	Noun.									N.	
15.	Semeath.									S.	
16.	É.									É.	
17.	Fé.									F.	
18.	Tsodé.									Ts.	
19.	Kof.									K.	
20.	Risch.									R.	
21.	Schin.									Sch.	
22.	Tau.									T.	
23.	Lomad-olaf.									L-a.	

ALPHABET SYRIAQUE
ET GARSCHOUNI.

Nota. Dans la colonne d'ordre, la lettre G indique le caractère garschouni.

ORDRE.	NOMS		FIGURES DES LETTRES				VALEUR en Français.	VOYELLES et PONCTUATIONS.	VALEUR NUMÉRIQUE DES LETTRES.	
	EN SYRIAQUE.	EN FRANÇAIS.	ISOLÉES.	FINALES.	MÉDIALES.	INITIALES.			LETTRES.	CHIFFRES.
1.		Olaf.			....		A.	Ptokho, A.		1.
2.		Beth.					B.	Rvotso, F.		2.
3.		Gomal.					G.	Khvotso, I.		3.
G. 4.		Djim.					Dj.			4.
5.		Dolath.					D.	Zkofo, O.		5.
6.		Hé.					H.	Otsotso, Ou.		6.
7.		Ouaou.					Ou.			7.
8.		Zaïn.					Z.	Teschdid.		8.
9.		Kheth.					Kh.			9.
10.		Teth.					T.			10.
G. 11.		Za.					Z.			11.
12.		Ioud.					I.			12.
13.		Cof.					C.	Signe d'élision.		13.
14.		Lomad.					L.	Point méd.		100.
15.		Mim.					M.	Point final.		200.
16.		Noun.					N.			300.
17.		Semcath.					S.			400.
18.		É.					É.	La lettre n'a aucun signe correspondant en Français.		1,000.
19.		Fé.					F.			2,000.
20.		Tsodé.			.		Ts.			3,000.
21.		Kof.					K.			10,000.
22.		Risch.				.	R.			20,000.
23.		Schin.					Sch.			30,000.
24.		Tau.					T.			1,000,000.

ALPHABET ZEND.

D'APRÈS ANQUETIL DUPERRON.			RECTIFIÉ EN PARTIE D'APRÈS M. RASK.					
ORDRE.	FIGURE.	VALEUR.	ORDRE.	FIGURE.	VALEUR.	ORDRE.	FIGURE.	VALEUR.
1	[fig.]	A , E	1	[fig.]	A	39	[fig.]	V méd.
2	[fig.]	B	2	[fig.]	Â	40	[fig.]	W
3	[fig.]	T	3	[fig.]	I	41	[fig.]	Ç
4	[fig.]	DJ	4	[fig.]	Î	42	[fig.]	CH
5	[fig.]	KH	5	[fig.]	U	43	[fig.]	S
6	[fig.]	D	6	[fig.]	Û	44	[fig.]	H
7	[fig.]	R	7	[fig.]	E	45	[fig.]	AH
8	[fig.]	Z	8	[fig.]	È	46	[fig.]	SK
9	[fig.]	S	9	[fig.]	Ê	47	[fig.]	ST
10	[fig.]	SCH	10	[fig.]	O	48	[fig.]	HM
11	[fig.]	GH	11	[fig.]	Ô			
12	[fig.]	F	12	[fig.]	ÀO		[fig.]	Points.
13	[fig.]	K, C	13	[fig.]	Ă			
14	[fig.]	G dur	14	[fig.]	K			
15	[fig.]	M	15	[fig.]	KH			
16	[fig.]	HM	16	[fig.]	Q			
17	[fig.]	N	17	[fig.]	G			
18	[fig.]	V	18	[fig.]	GH			
19	[fig.]	H	19	[fig.]	NG			
20	[fig.]	I	20	[fig.]	TCH			
21	[fig.]	Ï, î	21	[fig.]	DJ			
22	[fig.]	TCH	22	[fig.]	J			
23	[fig.]	P	23	[fig.]	Z			
24	[fig.]	J	24	[fig.]	Ñ			
25	[fig.]	E	25	[fig.]	T			
26	[fig.]	O	26	[fig.]	Ṭ			
27	[fig.]	Ô	27	[fig.]	TH			
28	[fig.]	É	28	[fig.]	D			
29	[fig.]	AN	29	[fig.]	DH			
30	[fig.]	ÂN	30	[fig.]	N			
31	[fig.]	NG	31	[fig.]	P			
32	[fig.]	OU	32	[fig.]	F			
33	[fig.]	Â	33	[fig.]	B			
34	[fig.]	TH	34	[fig.]	M			
35	[fig.]	OÛ	35	[fig.]	Y init.			
(36)	[fig.]	ÀO	36	[fig.]	Y méd.			
(37)	[fig.]	EH	37	[fig.]	R			
(38)	[fig.]	SCHT	38	[fig.]	V init.			

ALPHABET PEHLVI.

The figure columns contain Pehlvi glyphs that cannot be rendered as text; only the order numbers and the Latin transliteration values (VALEUR) are transcribed below.

LETTRES SIMPLES.

ORDRE.	VALEUR.
1.	A, À, H.
2.	B.
3.	T.
4.	Dj.
5.	Kh.
6.	D.
7.	R.
8.	Z.
9.	S.
10.	Sch.
11.	Gh.
12.	K.
13.	G.
14.	L.
15.	M.
16.	N.
17.	U, O, V.
18.	I.
19.	Tch.
20.	P, F.

LIGATURES.

VALEUR.	VALEUR.
ah.	chn.
ai.	djan.
am, hm.	ian.
az, ap.	gan, gau.
au, hu, an.	dan, dau.
(Voyez les suivants.)	(Voyez les suivants.)
dju.	iaz.
in, iu.	daz.
gu.	(Voyez les suivants.)
du.	djam.
(Voyez les suivants.)	iam.
djm.	gam.
im.	dam.
gm.	gu, gn.
dm.	du, dn.
iz.	dj-g-d-i-ahn, -ahu.
gz.	dahn, dahu.
dz.	zu.
(Voyez les suivants.)	rmn.
aiu, ain.	ru.
agn, agu.	men.
adu, adn.	it.
dja.	sn.
ia.	rz.
ga.	
da.	

ALPHABET ARABE NESKHI.

ORDRE des LETTRES.	NOMS des LETTRES.	FIGURES DES LETTRES				VALEUR des LETTRES.	VALEUR NUMÉRIQUE.
		isolées.	liées à la lettre précédente seulement.	liées à la lettre précédente et à la suivante.	liées à la lettre suivante seulement.		
1.	Élif. ألِف	ا	ﺎ	. . . .	. . . .	A.	1.
2	Ba. بَاء	ب	ﺐ	ﺒ	ﺑ	B	2.
3.	Ta. تَاء	ت	ﺖ	ﺘ	ﺗ	T.	400.
4.	Tsa. ثَاء	ث	ﺚ	ﺜ	ﺛ	Ts.	500.
5.	Djim. جِيم	ج	ﺞ	ﺠ	ﺟ	Dj.	3.
6.	Ha. حَاء	ح	ﺢ	ﺤ	ﺣ	H.	8.
7.	Kha. خَاء	خ	ﺦ	ﺨ	ﺧ	Kh.	600.
8.	Dal. دَال	د	ﺪ	. .	. . . .	D.	4.
9.	Dzal. ذَال	ذ	ﺬ	. .	. . . .	Dz.	700.
10.	Ra. رَاء	ر	ﺮ	. . . .	. . . .	R.	200.
11.	Za. زَاء - رَاي	ز	ﺰ	. .	. .	Z.	7.
12.	Sin. سِين	س	ﺲ	ﺴ	ﺳ	S, Ç	60.
13.	Schin. شِين	ش	ﺶ	ﺸ	ﺷ	Sch.	300.
14	Sad. صَاد	ص	ﺺ	ﺼ	ﺻ	S, Ç.	90.
15.	Dhad. ضَاد	ض	ﺾ	ﻀ	ﺿ	Dh	800.
16.	Tha. طَاء	ط	ﻂ	ﻄ	ﻃ	Th.	9.
17.	Dha. ظَاء	ظ	ﻆ	ﻈ	ﻇ	Dh.	900.
18.	Ain. عَين	ع	ﻊ	ﻌ	ﻋ	A.	70.
19	Ghain. غَين	غ	ﻎ	ﻐ	ﻏ	Gh.	1,000.
20.	Fa. فَاء	ف	ﻒ	ﻔ	ﻓ	F.	80.
21.	Kaf. قَاف	ق	ﻖ	ﻘ	ﻗ	K.	100.
22.	Caf. كَاف	ك	ﻚ	ﻜ	ﻛ	C.	20.
23.	Lam. لَام	ل	ﻞ	ﻠ	ﻟ	L.	30.
24.	Mim. مِيم	م	ﻢ	ﻤ	ﻣ	M.	40.
25.	Noun. نُون	ن	ﻦ	ﻨ	ﻧ	N.	50.
26.	Hé. هَاء	ه	ﻪ	ﻬ	ﻫ	Hé.	5.
27.	Waw. وَاو	و	ﻮ	. .	. . . .	W.	6.
28.	Ya. يَاء	ي	ﻲ	ﻴ	ﻳ	Y.	10.
	Lam-élif. لَام ألِف	لا	ﻼ	. . .	. . . .	La.	

TABLEAU

DES

VOYELLES ET ACCENTS ARABES.

FIGURE.	VALEUR en FRANÇAIS.	NOM — EN ARABE.	NOM — EN TURC.	POSITION.	OBSERVATIONS.
VOYELLES SIMPLES.					
ــَ	a, à.	Fath'a ou nasb'i.	Ustun ou feth'i.	Sur la consonne.	[1] Cette figure, placée perpendiculairement sur la consonne, équivaut à notre a, ex. رحمن rah'mân. En turc, elle se met quelquefois sur le ى final d'un mot, pour indiquer que ce ى doit se prononcer a, ex. طوغ l'odâa. Dans ce cas, elle s'appelle aussi elif, ou élif long.
ــِ	i.	Kesra ou djerr.	Esré ou kesré.	Sous la consonne.	
9	en, e.	Damma ou refa.	Eutun ou d'amm.	Sur la consonne.	Se prononce aussi eu, u en turc.
VOYELLES DOUBLES OU NASALES.					
ــً	an, ân.	Tenvin fath'a.	Ikimstun.	Sur la consonne.	[2] C'est-à-dire double vaveu — Signe de l'accusatif en arabe.
ــٍ	in.	Tenvin-kesra.	Ikidséré.	Sous la consonne.	[3] Double kesré. — Signe du génitif arabe.
ــٌ	oun.	Tenvin-d'amm.	Ikidutun.	Sur la consonne.	[4] Double d'amré. — Signe du nominatif arabe.
ACCENTS.					
~	à	Medda.	Meddé.	Sur l'élif (آ)	Tantôt au commencement, tantôt au milieu des mots.
~	Signe d'élision de l'élif.	Ouesla.	Vesl.	Sur l'élif (آ).	Toujours au commencement du mot, et particulièrement sur l'élif de l'article arabe ال.
ء	Signe d'aspiration.	Hamza.	Hemzé.	Sur l'élif, la ouaou et le ya.	Ce signe se place de préférence sous l'élif, quand il est joint au kesra. Quelquefois il se met dans le corps même des mots.
ـْ	Repos de la voix sur une consonne, ou séparation des syllabes.	Djezm ou soukoun.	Djezm.	Sur la consonne.	Le djezm ne peut s'unir à aucun autre signe que le ء hamza; et, dans ce cas, il se place au-dessus de ce dernier signe: أ.
ّ	Redoublement de la consonne.	Teschdid.	Teschdid.	Sur la consonne.	Le teschdid, ainsi que le hamza, peut recevoir toutes les voyelles simples ou composées; et, dans l'épellation, c'est toujours le teschdid ou le hamza qu'il faut nommer avant la voyelle.
PONCTUATION.					
٠	Point final.	Nouqt'a.	Nogt'a.	A la fin du récit.	Les Arabes et les Turcs n'ont pas d'autre genre de ponctuation.

TABLEAU COMPARATIF
DE L'ARABE KOUFIQUE
AVEC LE NESKHY.

OBSERVATIONS.	VALEUR		FORMES			
	EN ARABE NESKHY.	EN FRANÇAIS.	ISOLÉES.	FINALES.	MÉDIALES.	INITIALES.
	ا	a				
Ces cinq lettres, n'ayant que deux formes, ne peuvent se lier qu'aux lettres qui les précèdent. Dans le corps des mots, elles sont suivies d'une forme initiale.	د ذ	d, dz				
L'arabe koufique n'a pas de points diacritiques, et la même figure sert pour représenter les formes correspondantes de l'arabe neskhy, dont la valeur dépend uniquement de la position et du nombre des points.	ر ز	r, z				
	ط ظ	t, z				
	و	ou				
Il n'y a d'exception que pour les figures finales et isolées des deux lettres ن n et ي y, indiquées ci-dessous, qui présentent une légère modification du trait ; exemple : n final = n isolé; y final = y isolé.	ب ت ث ن ي	b, t, ts, n, y				
	ج ح خ	dj, h', kh				
	س ش	s, ch				
	ص ض	s', d'				
	ع غ	'a, gh				
Les deux formes allongées et s'emploient de préférence pour rendre le ق q.	ق ف	f, q				
	ك	k				
	ل	l				
	م	m				
	ه	h				
Cette ligature est d'un emploi très-fréquent, au lieu de لا, inusité.	لا	l-a				

TABLEAU COMPARATIF
DE L'ARABE KARMATIQUE
AVEC LE NESKHY.

OBSERVATIONS	VALEUR		FORMES			
	EN ARABE NESKHY.	EN FRANÇAIS.	ISOLÉES.	FINALES.	MÉDIALES.	INITIALES.
	ا	a				
Ces cinq lettres, n'ayant que deux formes, ne peuvent se lier qu'aux lettres qui les précèdent. Dans le corps des mots, elles sont suivies d'une forme initiale.	د ذ	d, dz				
L'arabe karmatique n'a pas de points diacritiques, et la même figure sert pour représenter les formes correspondantes de l'arabe neskhy, dont la valeur dépend uniquement de la position et du nombre des points.	ر ز	r, z				
	ط ظ	t', z				
	و	ou				
Il n'y a d'exception que pour les figures finales et isolées des deux lettres ن n et ي y; exemples :	ب ت ث ن ى	b, t, ts, n, y				
... n final, ... n isolé; ... r final, ... r isolé.	ج ح خ	dj, h', kh				
	س ش	s, ch				
	ص ض	s', d				
	ع غ	'a, gh				
	ف ق	f, q				
	ك	k				
	ل	l				
	م	m				
	ه	h				
Cette ligature est d'un emploi très-fréquent, au lieu de لا, inusité.	لا	l-a				

ALPHABET ARABE MAGHRÉBIN.

ORDRE des LETTRES.	NOMS des LETTRES.	FIGURES DES LETTRES				VALEUR des LETTRES.	VALEUR NUMÉRIQUE.	OBSERVATIONS.
		ISOLÉES.	Liées à la lettre précédente seulement.	Liées à la lettre précédente et à la suivante.	Liée à la lettre suivante seulement.			
1	élif	ا	ا	....	....	a, e	1	[1] Remarquez que la finale ا porte un appendice dépassant un peu le niveau de la ligne.
2	ba	ب	ب	ﺒ	ﺑ	b	2	
3	ta	ت	ت	ﺘ	ﺗ	t	400	
4	tsa	ث	ث	ﺜ	ﺛ	ts	500	
5	djim	ج	ﺞ	ﺠ	ﺟ	dj	3	
6	h'a	ح	ﺢ	ﺤ	ﺣ	h'	8	
7	cro	خ	ﺦ	ﺨ	ﺧ	cr (kh)	600	
8	dal	د	د	....	....	d	4	[2] Le ﺪ et le ﺬ africains diffèrent sensiblement du د et du ذ des Arabes d'Asie.
9	dz	ذ	ذ	....	....	dz	700	
10	ra	ر	ر	....	....	r	200	
11	zain	ز	ز	...	.	z	7	
12	t'a	ط	ط	[3] ﻂ ﻄ	ﻃ	t'	9	[3] Variantes fort usitées en Algérie. — Le point du ظ se place tantôt à gauche et tantôt au milieu de la lettre.
13	z'a	ظ	ظ	[3] ﻆ ﻈ	ﻇ	z'	800	
14	kef	ك	ك	ﻚ ﻜ	ﻛ	k	20	[4] Ne confondez pas les figures ﻚ et ﻛ avec le ﻂ et le ﻃ, qui s'en rapprochent beaucoup.
15	lam	ل	ل	ﻠ	ﻟ	l	30	
16	mim	م	م	ﻤ	ﻣ	m	40	
17	noan	ن	ن	ﻨ	ﻧ	n	50	[5] La finale ن et l'isolée ن s'écrivent avec le point dessus, et quelquefois sans point.
18	s'ad	ص	ص	ﺼ	ﺻ	s'	60	
19	d'ad	ض	ض	ﻀ	ﺿ	d'	90	
20	'ain	ع	ﻊ	ﻌ	[6] ﻋ	'a	70	[6] Cette forme initiale est toujours plus grande en maghrébin qu'en neskhy.
21	r'ain	غ	ﻎ	ﻐ	[7] ﻏ	r' (gh)	900	[7] Même observation que pour le ع.
22	fa	ف	ف	ﻔ	ﻓ	f	80	[8] Le point se place toujours sous chacune des formes de cette lettre.
23	qâf	ق	ق	ﻘ	ﻓ	q	100	[9] Le ق ne prend qu'un seul point qui manque souvent dans les manuscrits sur la finale ou l'isolée.
24	sin	س	س	ﺴ	ﺳ	s	300	
25	chin	ش	ش	ﺸ	ﺷ	ch	1000	
26	hé	ه	ﻪ	ﻬ	ﻫ	h	5	
27	ouaou	و	و	....	....	ou	6	
28	lam-élif	ﻻ [10] ﻻ	ﻼ	....	....	l-a		[10] Remarquez la différence qui existe entre le ﻻ maghrébin et le ﻻ neskhy.
29	ya	[11] ي	ﻲ ﻌ	ﻴ	ﻳ	y	10	[11] Le ي final ou isolé, après une consonne qui porte la voyelle ˉ a, perd ordinairement ses points.

VOYELLES SIMPLES, NASALES ET ASPIRÉES.

aspiration

a, e   i   ou   ane   ine   oane   h   i   oû   âne   îne   oâne

ACCENTS ET PONCTUATION.

repos.   signes de redoublement des consonnes avec voyelles.   signe d'élision de l'ا.   signe de prolongation de l'ا.   points.

1851.   A. P.

ALPHABET PERSAN, CARACTÈRE TA'LYQ.

ORDRE.	NOMS.	FIGURES				VALEUR.
		ISOLÉES.	FINALES.	MÉDIALES.	INITIALES.	
1.	Élif.	ا	ل			A.
2.	Bé.	ب	ب	ب	ب	B.
3.	Pé.	پ	پ	پ	پ	P.
4.	Té.	ت	ت	ت	ت	T.
5.	Tsé.	ث	ث	ث	ث	Ts.
6.	Djim.	ج	ج	ج	ج	Dj.
7.	Tchim.	چ	چ	چ	چ	Tch.
8.	Ha.	ح	ح	ح	ح	H'.
9.	Kha.	خ	خ	خ	خ	Kh.
10.	Dal.	د	د			D.
11.	Dzal.	ذ	ذ			Dz.
12.	Ré.	ر	ر			R.
13.	Zé.	ز	ز			Z.
14.	Jé.	ژ	ژ			J.
15.	Sin.	س	س	س	س	S.
16.	Chin.	ش	ش	ش	ش	Ch.
17.	S'ad.	ص	ص	ص	ص	S'.
18.	D'ad.	ض	ض	ض	ض	D'.
19.	T'a.	ط	ط	ط	ط	T'.
20.	Z'a.	ظ	ظ	ظ	ظ	Z'.
21.	'Aïn.	ع	ع	ع	ع	'A.
22.	Ghaïn.	غ	غ	غ	غ	Gh.
23.	Fé.	ف	ف	ف	ف	F.
24.	Qaf.	ق	ق	ق	ق	Q.
25.	Kef.	ك	ك	ك	ك	K.
26.	Guief.	گ	گ	گ	گ	G dur.
27.	Lam.	ل	ل	ل	ل	L.
28.	Mim.	م	م	م	م	M.
29.	Noun.	ن	ن	ن	ن	N.
30.	Vav.	و	و			V.
31.	Hé.	ه	ه	ه	ه	H.
32.	Yé.	ي	ي	ي	ي	Y.

ALPHABET HINDOU-PERSAN

COMPARÉ AU DÉVANAGARI.

ORDRE.	NOMS.	ISOLÉES.	FINALES.	MÉDIALES.	INITIALES.	DÉVANAGARI.	VALEUR EN FRANÇAIS.
		HINDOU-PERSAN.					
1.	Alif.	ا	ـا			अ	a, i, ou.
2.	Bé.	ب	ـب	ـبـ	بـ	ब	b.
3.	Bhé.	بھ	ـبھ	ـبھـ	بھـ	भ	bb.
4.	Pé.	پ	ـپ	ـپـ	پـ	प	p.
5.	Phé.	پھ	ـپھ	ـپھـ	پھـ	फ	ph.
6.	Té.	ت	ـت	ـتـ	تـ	त	t.
7.	Thé.	تھ	ـتھ	ـتھـ	تھـ	थ	th.
8.	Té.	ٹ	ـٹ	ـٹـ	ٹـ	ट	t.
9.	Thé.	ٹھ	ـٹھ	ـٹھـ	ٹھـ	ठ	th.
10.	Sé.	ث	ـث	ـثـ	ثـ	स	th angl. dur.
11.	Jim.	ج	ـج	ـجـ	جـ	ज	j.
12.	Jhé.	جھ	ـجھ	ـجھـ	جھـ	झ	jh.
13.	Ché.	چ	ـچ	ـچـ	چـ	च	tch.
14.	Chhé.	چھ	ـچھ	ـچھـ	چھـ	ह et क्ष	tchh.
15.	Hé.	ح	ـح	ـحـ	حـ	ह	h.
16.	Khé.	خ	ـخ	ـخـ	خـ	ख	kh.
17.	Dal.	د	ـد			द	d.
18.	Dhé.	دھ	ـدھ			ध	dh.
19.	Dé.	ڈ	ـڈ			ड	d.
20.	Dhé.	ڈھ	ـڈھ			ढ	dh.
21.	Zal.	ذ	ـذ			न	th angl. doux.
22.	Ré.	ر	ـر			र	r.
23.	Ré.	ڑ	ـڑ			ड़	r.
24.	Rhé.	ڑھ	ـڑھ	..		ढ़	rh.
25.	Zé.	ز	ـز			श	z.
26.	Jé.	ژ	ـژ			ज़	j.
27.	Sin.	س	ـس	ـسـ	سـ	स	s.
28.	Chin.	ش	ـش	ـشـ	شـ	श	ch.
29.	Sad.	ص	ـص	ـصـ	صـ	स	s.
30.	Zad.	ض	ـض	ـضـ	ضـ	ष	a.
31.	Ta.	ط	ـط			त	t.
32.	Za.	ظ	ـظ			ज्ञ	z.
33.	Aïn.	ع	ـع	ـعـ	عـ	क्ष	....
34.	Ghain.	غ	ـغ	ـغـ	غـ	ग	gh.
35.	Fé.	ف	ـف	ـفـ	فـ	फ	f.
36.	Caf.	ق	ـق	ـقـ	قـ	क	q.
37.	Kaf.	ک	ـک	ـکـ	کـ	क	k.
38.	Khé.	کھ	ـکھ	ـکھـ	کھـ	ख et ब	kh.
39.	Gaf.	گ	ـگ	ـگـ	گـ	ग	gn.
40.	Ghé.	گھ	ـگھ	ـگھـ	گھـ	ख et ल	gh.
41.	Lam.	ل	ـل	ـلـ	لـ	ल	l.
42.	Mim.	م	ـم	ـمـ	مـ	म	m.
43.	Noun.	ن	ـن	ـنـ	نـ	ङ ञ ण / न म	n.
44.	Ouaou.	و	ـو	.	....	व	w anglais.
45.	Hé.	ه	ـه ـھ	ـهـ	ھـ	ह	h.
46.	Ié.	ی	ـی	ـیـ	یـ	य	y.

VOYELLES

EN HINDOU-PERSAN.	EN DÉVANAGARI.	VALEUR EN FRANÇAIS.
´	ा	a.
آ آ	आ	à.
´	ि	i.
ی	ी	î.
ِ ،	ु	ou.
و	ू	où.
ِ ،	ृ	ri.
ِ ،	ॄ	rî.
ِ ،	ऌ	lri.
ِ ،	ॡ	lrî.
ِ ،	े	é.
ی	ै	aï.
و	ो	ô.
او	ौ	aou.

ALPHABET SABÉEN

OU SYRO-OUÏGOUR.

ORDRE.	NOMS.	FIGURES				VALEUR.
		SIMPLES.	AVEC A.	AVEC I.	AVEC OU.	
1.	Aleph.					A.
2.	Beth.					B.
3.	Ghimel.					Gh.
4.	Daleth.					D.
5.	Hé.					H.
6.	Ouaou.					Ou.
7.	Zain.					Z.
8.	Kheth.					Kh.
9.	Teth.					T.
10.	Iod.					I.
11.	Kaf.					K.
12.	Lamed.					L.
13.	Mem.					M.
14.	Noun.					N.
15.	Samech.					S.
16.	Aïn.					'A.
17.	Fé.					F.
18.	Tsade.					Ts.
19.	Quof.					Q.
20.	Resch.					R.
21.	Chin.					Ch.
22.	Tau.					T.

1850.

ALPHABETS TARTARES COMPARÉS.

ORDRE.	ALPHABET TARTARE.			ALPHABET MONGOL.			KALMOUK.	MANDCHOU.	ORIGINE.	VALEUR.
	INITIALES.	MÉDIALES.	FINALES.	INITIALES.	MÉDIALES.	FINALES.				
1.									*Nestor.*	A.
2.										A long.
3.										E.
4.									*Syr.*	I.
5.									w *Syr.*	O.
6.										On.
7.										Ò.
8.									*Syr.*	N.
9.										N dur.
10.									*Estrang.*	K.
11.									*Syr.*	K dur. Kh en Tartare.
12.									*Syr.*	G.
13.										H.
14.										P.
15.									*Syr.*	P dur.
16.										B, W.
17.										S.
18.										Ch.
19.										Ch, 2.
20.									*Syr.*	D.
21.									*Estrang.*	Th.
22.										T.
23.										T, 2.
24.									*Tib.*	Th.
25.										D, 2.
26.									*Syr.*	L.
27.									*Syr.*	M.
28.									*Nestor.*	Tch, ts.
29.										Tchh.
30.										Dch, dj.
31.										Dchh.
32.										Y.
33.									*Syr.*	R.
34.										V, W.
35.										Ñ.

A. P.

ALPHABET ARMÉNIEN

RÉGULIER ET CURSIF.

ORDRE.	LETTRES — Majusc.	Minuscules (régulières / cursives)	NOMS — en arménien	NOM en français	VALEUR.
1.	Ա	ա	այբ	Aïp	A.
2.	Բ	բ	բեն	Pién	P.
3.	Գ	գ	գիմ	Kim	K.
4.	Դ	դ	դա	Ta	T.
5.	Ե	ե	եչ	Iétch	Ié ou É.
6.	Զ	զ	զա	Za	Z.
7.	Է	է	է	É	È.
8.	Ը	ը	ըթ	Iéth	E muet.
9.	Թ	թ	թո	Tho	Th.
10.	Ժ	ժ	ժէ	Jé	J.
11.	Ի	ի	ինի	Ini	I.
12.	Լ	լ	լիւն	Lioun	L.
13.	Խ	խ	խէ	Khé	Kh.
14.	Ծ	ծ	ծա	Dza	Dz.
15.	Կ	կ	կեն	Guién	G, gu.
16.	Հ	հ	հո	Ho	H.
17.	Ձ	ձ	ձա	Dsa	Ds.
18.	Ղ	ղ	ղատ	Ghad	Gh.
19.	Ճ	ճ	ճէ	Djé	Dj.
20.	Մ	մ	մեն	Mién	M.
21.	Յ	յ	յի	Hi	H et I.
22.	Ն	ն	նու	Nou	N.
23.	Շ	շ	շա	Scha	Sch.
24.	Ո	ո	ո	O	O ou Oue.
25.	Չ	չ	չա	Tcha	Tch.
26.	Պ	պ	պէ	Bé	B.
27.	Ջ	ջ	ջէ	Dché	Dch.
28.	Ռ	ռ	ռա	Rha	Rh.
29.	Ս	ս	սէ	Sé	S.
30.	Վ	վ	վեւ	Viév	V.
31.	Տ	տ	տիւն	Dioun	D.
32.	Ր	ր	րէ	Ré	R.
33.	Ց	ց	ցո	Tso	Ts.
34.	Ւ	ւ	հիւն	Hioun	V ou I.
35.	Փ	փ	փիւր	P'hiour	P'h ou Ph.
36.	Ք	ք	քէ	Ké	K.
37.	Օ	օ	օ	O	O long.
38.	Ֆ	ֆ	ֆէ	Fé	F.

VOYELLES ET DIPHTHONGUES.

ա	a.
ե	ié ou é.
է	é.
ը	e.
ի	i.
ո	o.
օ	ô.
յ	i, h. } demi-voyelles
ւ	i, v. }
ու	ou.
իւ	iou . io . u
եւ	iév.
այ	ae.
ոյ	oe.
իա	ia.
եո	eù, io.
ուլ	} o ancien.
ու	}
ս	signe d'o ancien.
եւ	iév, et *conj.*
ե	et, en poésie.

LIGATURES ET ABRÉVIATIONS.

- M-ié.
- M-é.
- M-i.
- M-kh.
- M-g.
- M-n.
- V-n.

- le monde.
- du monde.
- avec.
- ou.
- que.
- ainsi.
- donc.
- comme.
- et cætera.
- tout.
- homme.
- Dieu.
- de Dieu.
- avec Dieu.
- Christ.
- Jésus.
- beaucoup.
- peu.
- pour.
- } pour cela.
- sur.
- Seigneur.
- du Seigneur.
- de lui.
- eux.
- d'eux.
- } Սին.
- Թեան.
- Թենէ.
- Թեամբ.

ACCENTS ET PONCTUATIONS

(´)	Accent aigu.
(‾)	Accent long.
(ˆ)	Accent grave.
(˙)	Acc. liquide poétique.
(•)	Accent bref poétique.
(⌒)	Accent interrogatif.
(`)	Point de suspension.
(,)	Virgule.
(·)	Point médial.
(')	Point final.
(’)	Apostrophe.
( )	Parenthèse.
(–)	Trait d'union.
(·) }	
(") }	signes d'abréviat.
(⁓) }	

ABRÉVIATIONS correspondant à la valeur numérique.

Chiffres.
1.
2.
3.
4.
5.
6.
7.
8.
9.
10.
20.
30.
40.
50.
60.
70.
80.
90.
100.
200.
300.
400.
500.
600.
700.
800.
900.
1,000.
2,000.
3,000.
4,000.
5,000.
6,000.
7,000.
8,000.
9,000.
10,000.
20,000.

Nota. L'Aïp cursif est la seule lettre majuscule qu'emploient les Arméniens.

ALPHABET GÉORGIEN VULGAIRE.

	LETTRES SIMPLES.						LIGATURES DU GÉORGIEN VULGAIRE.				
				VALEUR			VALEUR			VALEUR	
N°.	MAJUSC.	MINUSC.	NOM.	en français.	numérique.	FIGURE.	en géorgien vulgaire.	en français.	FIGURE.	en géorgien vulgaire.	en français.
1	[géorgien]	[géorgien]	An.	A.	1.	[géorgien]	[géorgien]	A-m.	[géorgien]	[géorgien]	L-s.
2	[géorgien]	[géorgien]	Ban.	B.	2.	[géorgien]	[géorgien]	A-r.	[géorgien]	[géorgien]	O.
3	[géorgien]	[géorgien]	Gan.	G dur.	3.	[géorgien]	[géorgien]	A-s.	[géorgien]	[géorgien]	M-o.
4	[géorgien]	[géorgien]	Don.	D.	4.	[géorgien]	[géorgien]	A-k.	[géorgien]	[géorgien]	J-a.
5	[géorgien]	[géorgien]	Én.	E.	5.	[géorgien]	[géorgien]	A-gh.	[géorgien]	[géorgien]	R-i.
6	[géorgien]	[géorgien]	Win.	W.	6.	[géorgien]	[géorgien]	A-kh.	[géorgien]	[géorgien]	R-o.
7	[géorgien]	[géorgien]	Zen.	Z.	7.	[géorgien]	[géorgien]	D-a.	[géorgien]	[géorgien]	S-n.
8	[géorgien]	[géorgien]	Hé.	H faible.	8.	[géorgien]	[géorgien]	E-d.	[géorgien]	[géorgien]	S-s.
9	[géorgien]	[géorgien]	Than.	Th.	9.	[géorgien]	[géorgien]	E-e.	[géorgien]	[géorgien]	Ou-e.
10	[géorgien]	[géorgien]	In.	I.	10.	[géorgien]	[géorgien]	E-z.	[géorgien]	[géorgien]	Ou-l.
11	[géorgien]	[géorgien]	Can.	C dur.	20.	[géorgien]	[géorgien]	E-l.	[géorgien]	[géorgien]	Ph-é.
12	[géorgien]	[géorgien]	Las.	L.	30.	[géorgien]	[géorgien]	E-n.	[géorgien]	[géorgien]	Ph-w.
13	[géorgien]	[géorgien]	Man.	M.	40.	[géorgien]	[géorgien]	E-p.	[géorgien]	[géorgien]	Q-a.
14	[géorgien]	[géorgien]	Nar.	N.	50.	[géorgien]	[géorgien]	E-s.	[géorgien]	[géorgien]	Q-d.
15	[géorgien]	[géorgien]	Ie.	I faible.	60.	[géorgien]	[géorgien]	E-ou-n.	[géorgien]	[géorgien]	Q-on-a.
16	[géorgien]	[géorgien]	On.	O.	70.	[géorgien]	[géorgien]	E-kh.	[géorgien]	[géorgien]	Q-ou-n.
17	[géorgien]	[géorgien]	Par.	P.	80.	[géorgien]	[géorgien]	W-a.	[géorgien]	[géorgien]	Ch-o.
18	[géorgien]	[géorgien]	Jan.	J.	90.	[géorgien]	[géorgien]	W-a-s.			
19	[géorgien]	[géorgien]	Raé.	R.	100.	[géorgien]	[géorgien]	W-é.			
20	[géorgien]	[géorgien]	San.	S dur.	200.	[géorgien]	[géorgien]	W-e.			
21	[géorgien]	[géorgien]	Tar.	T.	300.	[géorgien]	[géorgien]	W-l.			
22	[géorgien]	[géorgien]	Oun.	Ou.	400.	[géorgien]	[géorgien]	W-l.			
23	[géorgien]	[géorgien]	Phié.	Vié.	·	[géorgien]	[géorgien]	W-gh.			
24	[géorgien]	[géorgien]	Phar.	Ph.	500.	[géorgien]	[géorgien]	W-kh.			
25	[géorgien]	[géorgien]	Kan.	K.	600.	[géorgien]	[géorgien]	Th-s.			
26	[géorgien]	[géorgien]	Ghan.	Gh.	700.	[géorgien]	[géorgien]	Th-kh.			
27	[géorgien]	[géorgien]	Qar.	Q.	800.	[géorgien]	[géorgien]	I-a.			
28	[géorgien]	[géorgien]	Chin.	Ch.	900.	[géorgien]	[géorgien]	I-n.			
29	[géorgien]	[géorgien]	Tchin.	Tch.	1,000.	[géorgien]	[géorgien]	I-s.			
30	[géorgien]	[géorgien]	Tzan.	Tz.	2,000.	[géorgien]	[géorgien]	I-kh.			
31	[géorgien]	[géorgien]	Dzil.	Dz.	3,000.	[géorgien]	[géorgien]	C-n.			
32	[géorgien]	[géorgien]	Tzil.	Tz.	4,000.	[géorgien]	[géorgien]	C-é.			
33	[géorgien]	[géorgien]	Dehar.	Deh.	5,000.	[géorgien]	[géorgien]	C-é-h.			
34	[géorgien]	[géorgien]	Khan.	Kh.	6,000.	[géorgien]	[géorgien]	C-n.			
35	[géorgien]	[géorgien]	Khhar.	Khh.	7,000.	[géorgien]	[géorgien]	C-s.			
36	[géorgien]	[géorgien]	Djan.	Dj.	8,000.	[géorgien]	[géorgien]	C-ou-a.			
37	[géorgien]	[géorgien]	Haé.	H aspirée.	9,000.	[géorgien]	[géorgien]	C-ou-n.			
38	[géorgien]	[géorgien]	Hoé.	Ho.	10,000.	[géorgien]	[géorgien]	L-i.			

PONCTUATIONS.

(.) (:) (,) (.) —

ALPHABET GÉORGIEN ECCLÉSIASTIQUE
COMPARÉ AU GÉORGIEN VULGAIRE.

LETTRES SIMPLES.

N°.	FIGURE.	NOM.	VALEUR en géorgien vulgaire.	VALEUR en français.
1		An.		A.
2		Ban		B.
3		Gan.		G.
4		Don		D.
5		Én.		E.
6		Win.		W.
7		Zen.		Z.
8		Hé.		H.
9		Than.		Th.
10		In		I.
11		Can.		K.
12		Las		L.
13		Man.		M.
14		Nar		N.
15		Ie.		Ié.
16		On		O.
17		Par.		P.
18		Jan.		J
19		Raé.		R.
20		San		S.
21		Tar.		T.
22		Oun		Ou.
23		Phié.		Vié.
24		Phar.		Ph.
25		Kan.		K.
26		Ghan.		Gh.
27		Qar.		Q.
28		Chin.		Ch.
29		Tchin.		Tch.
30		Tzan.		Ts.
31		Dzil.		Dz.
32		Tzil.		Tz.
33		Dchar		Dch.
34		Khan.		Kh.
35		Khhar.		Khh.
36		Djan.		Dj.
37		Haé.		H.
38		Hoé.		Hœ.

LIGATURES DU GÉORGIEN ECCLÉSIASTIQUE.

N°.	FIGURE.	VALEUR en géorgien ecclésiastique.	VALEUR en français.
1			B-a.
2			B-e.
3			B-i.
4			B-o.
5			G-a.
6			G-e.
7			G-i.
8			D-a.
9			V-e.
10			V-i.
11			Z-a.
12			Z-e.
13			Z-i.
14			Th-a.
15			Th-e.
16			Th-i.
17			I-i.
18			I-i-a.
19			I-i-e.
20			M-a.
21			M-e.
22			M-i.
23			M-o.
24			N-a.
25			N-a-m.
26			N-d.
27			N-e.
28			O-a.
29			O-g.
30			O-i.
31			P-a.
32			P-e.
33			P-i.
34			R-a.
35			S-a.
36			S-b.
37			S-g.
38			S-i.
39			S-m.
40			S-n.
41			S-ph.
42			S-tz.
43			Ph-a.
44			Ph-e.
45			Ph-i.
46			K-a.
47			K-e.
48			K-i.
49			Ch-a.
50			Tch-a.
51			Dz-a.
52			Dz-e.
53			Dz-i.
54			Kh-a.
55			Kh-e.
56			Kh-i.
57			Kh-m.
58			Kh-dz.
59			Kh-s.
60			Dj-a.
61			Dj-i.
62			H-a.
63			H-e.

TABLEAU

DES

CARACTÈRES GRECS ARCHAÏQUES.

7 POINTS.		9 POINTS.	11 POINTS.	12 POINTS.	VALEUR.
N° 1.	N° 2.				
A A	Λ	A A	A	A A	A.
Β	Β	Β	Β	Β	B.
Γ	Γ	Γ	Γ	Γ	G.
Δ	Δ	Δ	Δ	Δ	D.
Є Ǝ	Ⴙ Ⴙ	E Є	Ǝ Є Ǝ	Ǝ Є	E.
Z Σ Ι	Z	Z Ι	Z Ι	Z Ι	Z.
H I·I	H	H	H I·I	H	É.
Θ	Θ	Θ Θ ⊟ ⊡ ◇	Θ	Θ Θ Θ ⊟ ⊡ ◇	Th.
Ι	Ι	Ι	Ι	Ι	I.
K	K Ͷ	K	K ꓘ	K	K.
Λ	Λ	Λ	Λ	Λ	L.
M	M Ϻ	M	M Ϻ	M	M.
N Ͷ	N	N	N	N	N.
Ξ Ⴕ	Ⴕ	Ξ Ξ Ͷ Ⴕ	Ξ	Ξ Ξ Ͷ Ⴕ	X.
O □	□	O □ ◇	□	O □ ◇	O.
Π	Ⴖ	Π Π Γ	Π	Π Π Γ ⅂	P.
Ρ	Ρ	Ρ	Ρ	Ρ Ρ	R.
Σ Ϲ ⊏ Ͻ	Σ Ϲ ⊏ ⊐	Σ ⊏ Ϲ Ɜ	Σ Ϲ ⊏ Ͻ ⊐	Σ Σ ⊏ Ϲ Ç Ɜ	S.
Τ	Τ	Τ	Τ	Τ	T.
Υ V	Τ Υ	Υ	Υ Τ V	Υ	U, Y.
Φ	Φ φ ◇ ◦	Φ Ψ φ	⊕	Φ	Ph.
Χ	Χ	Χ	Χ	Χ	Ch.
Ψ ·|·	Ψ ·|·	Ψ	·|·	Ψ Ψ	Ps.
Ω ω	Ω ω	Ω ω Ω	Ω ω	Ω ω Ⴖ Ω	Ô.

1843.   A. P.

ALPHABET GREC.

ORDRE.	FIGURE.	NOM.	VALEUR.
1.	A α	Alpha.	A.
2.	B ϐ ϵ	Bêta.	B.
3.	Γ γ ϝ	Gamma.	G dur.
4.	Δ δ	Delta.	D.
5.	E ε	Epsilon.	É bref.
6.	Z ζ ζ	Zêta, dzêta.	Z, Dz.
7.	H η	Éta.	É long.
8.	Θ ϑ θ	Thêta.	Th.
9.	I ι	Iota.	I.
10.	K κ	Cappa.	K. C.
11.	Λ λ	Lambda.	L.
12.	M μ	Mu.	M.
13.	N ν	Nu.	N.
14.	Ξ ξ	Xi.	X (Cs, Gs).
15.	O ο	Omicron.	O bref.
16.	Π ϖ π	Pi.	P.
17.	P ρ ϱ	Rho.	R, Rh.
18.	Σ σ ς fin.	Sigma.	S.
19.	T τ 7	Tau.	T.
20.	Υ υ	Upsilon.	U.
21.	Φ ϕ	Phi.	Ph, F.
22.	X χ	Chi.	Ch.
23.	Ψ ψ	Psi.	Ps.
24.	Ω ω	Oméga.	O long.
	ȣ	Abréviation de ου.	Ou.
	ϭ	Abréviation de σσ.	Ss.
	ϛ	Abréviation de στ.	St.
	ϡ	Sanpi.	90.

ACCENTS.

```
'  aigu .................... ά.
`  grave ................... ὰ.
˜  circonflexe ............. ῆ.
¨  tréma ................... ï.
```

ESPRITS.

```
'  doux ................... ἀ.
'  rude ................... ῥ.
"  doux-aigu .......... .. ἔ.
"  doux-grave ............ ὂ.
"  rude-aigu ............. ὕ.
"  rude-grave ..... ...... ἢ.
"  doux-circonflexe ........ ὦ.
"  rude-circonflexe ........ ὗ.
```

LETTRE SOUSCRITE.

```
,  iota ............ ᾳ ῃ ῳ.
```

SYLLABAIRE ÉTHIOPIEN

(GHEEZ ET AMHARIQUE)..

Nota. Dans la colonne d'ordre, la lettre A sert pour indiquer le caractère Amharique.

ORDRE.	VALEUR.	A. bref.	OU.	I.	A. long.	E. long.	E. bref.	O.	Éthiop.	Arabes.
1.	Hoi.	ha	hou	hi	hā	hē	he	ho.	፩	1.
2.	Lawi.	la	lou	li	lā	lē	le	lo.	፪	2.
3.	Haut.	ha	hou	hi	hā	hē	he	ho.	፫	3.
4.	Mai.	ma	mou	mi	mā	mē	me	mo.	፬	4.
5.	Saut.	sa	sou	si	sā	sē	se	so.	፭	5.
6.	Rèès.	ra	rou	ri	rū	rē	re	ro.	፮	6.
7.	Sât.	sa	sou	si	sa	se	se	so.	፯	7.
A. 8.	Schât.	scha	schou	schi	schā	sche	sche	scho.	፰	8.
9.	Kaf.	ka	kou	ki	kā	kē	ke	ko.	፱	9.
10.	Bet.	ba	bou	bi	ba	bē	be	bo.	፲	10.
11.	Tawi.	ta	tou	ti	tā	tē	te	to.	፳	20.
A. 12.	Tyawi.	tya	tyou	tyi	tyā	tyē	tye	tyo.	፴	30.
13.	Harm.	ha	hou	hi	hā	hē	he	ho.	፵	40.
14.	Nahas.	na	nou	ni	na	nē	ne	no.	፶	50.
A. 15.	Gnahas.	gna	gnou	gni	gnā	gne	gne	gno.	፷	60.
16.	Alph.	a	ou	i	a	ē	e	o.	፸	70.
17.	Kaf.	ka	kou	ki	ka	kē	ke	ko.	፹	80.
A. 18.	Khaf.	kha	khou	khi	khā	khe	khe	kho.	፺	90.
19.	Wawe.	wa	wou	wi	wā	wē	we	wo.	፻	100.
20.	Aïn.	a	ou	i	ā	ē	e	o.	፪፻	200.
21.	Zai.	za	zou	zi	zā	ze	ze	zo.	፫፻	300.
A. 22.	Jai.	ja	jou	ji	ju	jē	je	jo.	፬፻	400.
23.	Yaman.	ya	you	yi	yā	ye	ye	yo.	፭፻	500.
24.	Dént.	da	dou	di	da	de	de	dô.	፮፻	600.
A. 25.	Dyént.	dya	dyou	dyi	dya	dyē	dye	dyo.	፯፻	700.
26.	Giml.	ga	gou	gui	ga	guē	gue	go.	፰፻	800.
27.	Thait.	tha	thou	thi	thā	the	the	tho.	፱፻	900.
A. 28.	Tchait.	tcha	tchou	tchi	tchā	tche	tche	tcho.	፲፻	1,000.
29.	Phait.	pha	phou	phi	phā	phē	phe	pho.	፲፼	10,000.
30.	Tzadai.	tza	tzou	tzi	tzā	tze	tze	tzo.	፪፼	20,000.
31.	Tzappa.	tza	tzou	tzi	tza	tzē	tze	tzo.	፫፼	30,000.
32.	Af.	fa	fou	fi	fa	fe	fe	fo.	፲፼	100,000.
33.	Psa.	pa	pou	pi	pā	pē	pe	po.	፻፼	1,000,000.

DIPHTHONGUES.

	k'ua		k'ui		k'uā		k'uē		k'ue.	
	hua		hui		huā		huē		hue.	
	kua		kui		kuā		kuē		kue.	
	gua		gui		guā		guē		gue.	

ALPHABET COPTE.

ORDRE.	LETTRES majusc.	LETTRES minusc.	NOMS en Copte.	NOMS en Français.	VALEUR.	ACCENTS, ligatures, abréviations et ponctuation.	(chiffres coptes en lettres)
1.	Ⲁ	ⲁ	Ⲁⲗⲫⲁ	Alpha.	A.	ⲁ̀	ⲁ̄
2.	Ⲃ	ⲃ	Ⲃⲓⲇⲁ	Vida.	V.	ⲉ̀	
3.	Ⲅ Ⲅ̄	ⲅ	Ⲅⲁⲙⲙⲁ	Gamma.	G.	ⲓ̀	
4.	Ⲇ	ⲇ	Ⲇⲁⲗⲇⲁ	Dalda.	D.	ⲓⲓ	ⲇ̄
5.	Ⲉ	ⲉ	Ⲉⲓ	Ei.	E.	ⲓⲓ	ⲉ̄
6.	Ⲋ Ⲃ	ⲋ ⲃ	Ⲋⲟ	So.	S.	ⲟ̀	
7.	Ⲍ	ⲍ	Ⲍⲓⲇⲁ	Zida.	Z.	ⲱ̀	
8.	Ⲏ	ⲏ	Ⲏⲧⲁ	Hida.	I.	———	ⲏ̄
9.	Ⲑ	ⲑ	Ⲑⲓⲧⲁ	Thida.	Th.		ⲑ̄
10.	Ⲓ	ⲓ	Ⲓⲁⲩⲧⲁ	Iauda.	I.	ⲟ̅ⲩ̅	ⲓ̄
11.	Ⲕ	ⲕ	Ⲕⲁⲡⲁ	Kabha.	K.		ⲕ̄
12.	Ⲗ	ⲗ	Ⲗⲁⲩⲗⲁ	Laula.	L.	———	
13.	Ⲙ	ⲙ	Ⲙⲓ	Mi.	M.	‿	ⲙ̄
14.	Ⲛ	ⲛ	Ⲛⲓ	Ni.	N.	‿‿	ⲛ̄
15.	Ⲝ	ⲝ	Ⲝⲓ	Exi.	X.	∼	
16.	Ⲟ	ⲟ	Ⲟ	O.	O.		ⲟ̄
17.	Ⲡ	ⲡ	Ⲡⲓ	Bi.	P.	———	ⲡ̄
18.	Ⲣ	ⲣ	Ⲣⲟ	Ro.	R.	⸌	ⲣ̄
19.	Ⲥ	ⲥ	Ⲥⲓⲙⲁ	Sima.	S.		ⲥ̄
20.	Ⲧ	ⲧ ⲩ ⲭ	Ⲧⲁⲩ	Dau.	T.		
21.	Ⲩ	ⲩ	Ⲏⲉ	He.	E.		
22.	Ⲫ	ⲫ	Ⲫⲓ	Phi.	F.		
23.	Ⲭ	ⲭ	Ⲭⲓ	Chi.	Ch.		ⲭ̄
24.	Ⲯ	ⲯ	Ⲯⲓ	Ebsi.	Ps.		
25.	Ⲱ	ⲱ	Ⲱⲩ	Ó.	Ô.		
26.	Ϣ	ϣ	Ϣⲉⲓ	Scei.	Sc.		
27.	Ϥ	ϥ	Ϥⲉⲓ	Fei.	F.		
28.	Ϧ	ϧ	Ϧⲉⲓ	Chei.	Ch.		
29.	Ϩ ϩ	ϩ	Ϩⲟⲣⲓ	Hori.	H.		ⳉ̄
30.	Ϫ	ϫ	Ϫⲁⲛϫⲓⲁ	Giangia.	Gi.		
31.	Ϭ	ϭ	Ϭⲓⲙⲁ	Scima.	Sc.		
32.	Ϯ	ϯ	Ϯⲓ	Dei.	Di.		

CHIFFRES du caractère copte correspondant aux chiffres arabes.

Coptes.	Arabes.
[illegible]	1.
[illegible]	2.
[illegible]	3.
[illegible]	4.
[illegible]	5.
[illegible]	6.
[illegible]	7.
[illegible]	8.
[illegible]	9.
[illegible]	10.
[illegible]	20.
[illegible]	30.
[illegible]	40.
[illegible]	50.
[illegible]	60.
[illegible]	70.
[illegible]	80.
[illegible]	90.
[illegible]	100.
[illegible]	200.
[illegible]	300.
[illegible]	400.
[illegible]	500.
[illegible]	600.
[illegible]	700.
[illegible]	800.
[illegible]	900.
[illegible]	1,000.
[illegible]	2,000.
[illegible]	3000.
[illegible]	4,000.
[illegible]	5,000.
[illegible]	6,000.
[illegible]	7,000.
[illegible]	8,000.
[illegible]	9,000.

ALPHABET MOESO-GOTHIQUE.

ORDRE.	FIGURES.	VALEUR.	ORDRE.	FIGURES.	VALEUR.
1.	Λ	A.	14.	M	M.
2.	ß	B.	15.	N	N.
3.	ꝺ	D.	16.	Ϩ	O.
4.	Є	E.	17.	Π	P.
5.	Ⱪ	F.	18.	Ꝉ	Cw *et* c médial.
6.	Γ	G.	19.	Ꝃ	R.
7.	h	H.	20.	S	S.
8.	☉	Hw *ou* qu.	21.	T	T.
9.	I	J médial et final.	22.	Φ	Th.
10.	ï	J initial soit du mot, soit de la racine.	23.	ꝏ	U.
11.	Ϛ	J *ou* y.	24.	Ᵽ	W.
12.	K	K.	25.	X	Ch, χ.
13.	Λ	L.	26.	Z	Z.

A. P.

ALPHABET RUSSE.

ORDRE.	NOM.	FIGURE				VALEUR.
		EN ROMAIN.		EN ITALIQUE.		
		MAJUSCULES.	MINUSCULES.	MAJUSCULES.	MINUSCULES.	
1.	Azz.	А	а	*А*	*а*	A.
2.	Bouki.	Б	в б	*Б*	*б*	B.
3.	Viédi.	В	в	*В*	*в*	V.
4.	Glagole.	Г	г	*Г*	*г*	Gh.
5.	Dobro.	Д	д	*Д*	*д*	D.
6.	Ieste.	Е	е	*Е*	*е*	E.
7.	Jivété.	Ж	ж	*Ж*	*ж*	J.
8.	Zemlä.	З	з	*З*	*з*	Z.
9.	Ijé.	И	и	*И*	*и*	I.
10.	I.	I	і	*I*	*і*	Ĭ.
11.	Kako.	К	к	*К*	*к*	K.
12.	Lioudi.	Л	л	*Л*	*л*	L.
13.	Muislété.	М	м	*М*	*м*	M.
14.	Nach.	Н	н	*Н*	*н*	N.
15.	Onn.	О	о	*О*	*о*	O.
16.	Pokoï.	П	п	*П*	*п*	P.
17.	Rtsui.	Р	р	*Р*	*р*	R.
18.	Slovo.	С	с	*С*	*с*	S.
19.	Tverdo.	Т	т	*Т*	*т*	T.
20.	Ou.	У	у	*У*	*у*	Ou.
21.	Fertt.	Ф	ф	*Ф*	*ф*	F.
22.	Khiérr.	Х	х	*Х*	*х*	Khi.
23.	Tsui.	Ц	ц	*Ц*	*ц*	Ts.
24.	Tcherve.	Ч	ч	*Ч*	*ч*	Tch.
25.	Cha.	Ш	ш	*Ш*	*ш*	Ch.
26.	Chtcha.	Щ	щ	*Щ*	*щ*	Chch.
27.	Ierr.	Ъ	ъ	*Ъ*	*ъ*	E muet.
28.	Iérui.	Ы	ы	*Ы*	*ы*	I.
29.	Iére.	Ь	ь	*Ь*	*ь*	E.
30.	Iate.	Ѣ	ѣ ѣ	*Ѣ*	*ѣ*	Ě.
31.	É.	Э	э	*Э*	*э*	É.
32.	Iou.	Ю	ю	*Ю*	*ю*	Iou.
33.	Ia.	Я	я	*Я*	*я*	Iä.
34.	Fita.	Ѳ	ѳ	*Ѳ*	*ѳ*	Ph.
35.	Ijitsa.	Ѵ	ѵ	*Ѵ*	*ѵ*	I.

1850.   A. P.

ALPHABET ÉTRUSQUE.

FIGURES.	VALEUR.	FIGURES.	VALEUR.	FIGURES.	VALEUR.	FIGURES.	VALEUR.
					P.		
	A.		L.				V.
					R.		
	E.		M.		S.		TH.
	I.						PH.
							CH.
	K.		N.		T.		PS.
							H.

ALPHABETS COMPARÉS.

ITALIQUE, ROMAIN, ANGLO-SAXON, ALLEMAND.

ORDRE.	ITALIQUE.		ROMAIN.		ANGLO-SAXON.		ALLEMAND.	
1.	A	a	A	a	Ã	a	ℜ	a
2.	B	b	B	b	B	b	B	b
3.	C	c	C	c	C	c	C	c
4.	D	d	D	d	D	ð	D	d
5.	E	e	E	e	E	e	E	e
6.	F	f	F	f	F	ꝼ	F	f
7.	G	g	G	g	Ç	S	G	g
8.	H	h	H	h	b	h	H	h
9.	I	i	I	i	I	ı	I	i
10.	J	J	J	j	. . . . .		J	j
11.	K	k	K	k	k	k	K	k
12.	L	l	L	l	L	l	L	l
13.	M	m	M	m	ꝏ	m	M	m
14.	N	n	N	n	N	n	N	n
15.	O	o	O	o	O	o	O	o
16.	P	p	P	p	P	p	P	p
17.	Q	q	Q	q			C	q
18.	R	r	R	r	R	ꞃ	R	r
19.	S	s	S	s	S	s, ſ, ꞅ	S	s, ſ
20.	T	t	T	t	T	c	T	t
21.	U	u	U	u	ꓴ	u	U	u
22.	V	v	V	v	V		V	v
23.	X	x	X	x	X	x	X	x
24.	Y	y	Y	y	Y	ý	Y	y
25.	Z	z	Z	z	Z		Z	z
26.	Æ	æ	Æ	æ	Æ	æ	Æ Ä	æ ä
27.	Œ	œ	Œ	œ			Ö	œ ö
28.	W	w	W	w	þ	ꝥ	W	w
29.					Ð (dh)	ẟ	Ü (ue)	ü
30.	. . . . .				P (th)	þ	. . . . .	ch (ch)
31.	. . . .				ꝥ (that)		ß (sz)	
32.	32.				ꞃ (and)		ʒ (tz)	

ALPHABET RUNIQUE.

ORDRE.	NOM.	FIGURE.	VALEUR.
1.	Aar.	ᛆ	A.
2.	Biarkan.	B	B.
3.	Knesol.	ı	C.
4.	Duss.	ᛐ	D.
5.	Stungen Jis.	ᛂ	E.
6.	Fie.	ᚹ	F.
7.	Stungen Kaun.	ᚹ	G.
8.	Hagl.	✳	H.
9.	Jis.	ı	I.
10.	Kaun.	ᛕ	K.
11.	Lagur.	ᛚ	L.
12.	Madur.	Ψ	M.
13.	Naud.	ᚽ	N.
14.	Oys.	ᛆ	O.
15.	Stungen Birk.	B	P.
16.	Ridhr.	R	R init., méd., fin.
17.	Ridhr.	ᚧ	R final seulement.
18.	Sol.	ᚼ	S.
19.	Tyr.	↑	T.
20.	Ur.	ᚿ	U.
21.	Stungen Fie.	ᚹ	V.
22.	Stungen Ur.	ᚤ	Y.
23.	Stungen Duss.	ᛈ	Th.

ALPHABET ET SYLLABAIRE MAGADHA.

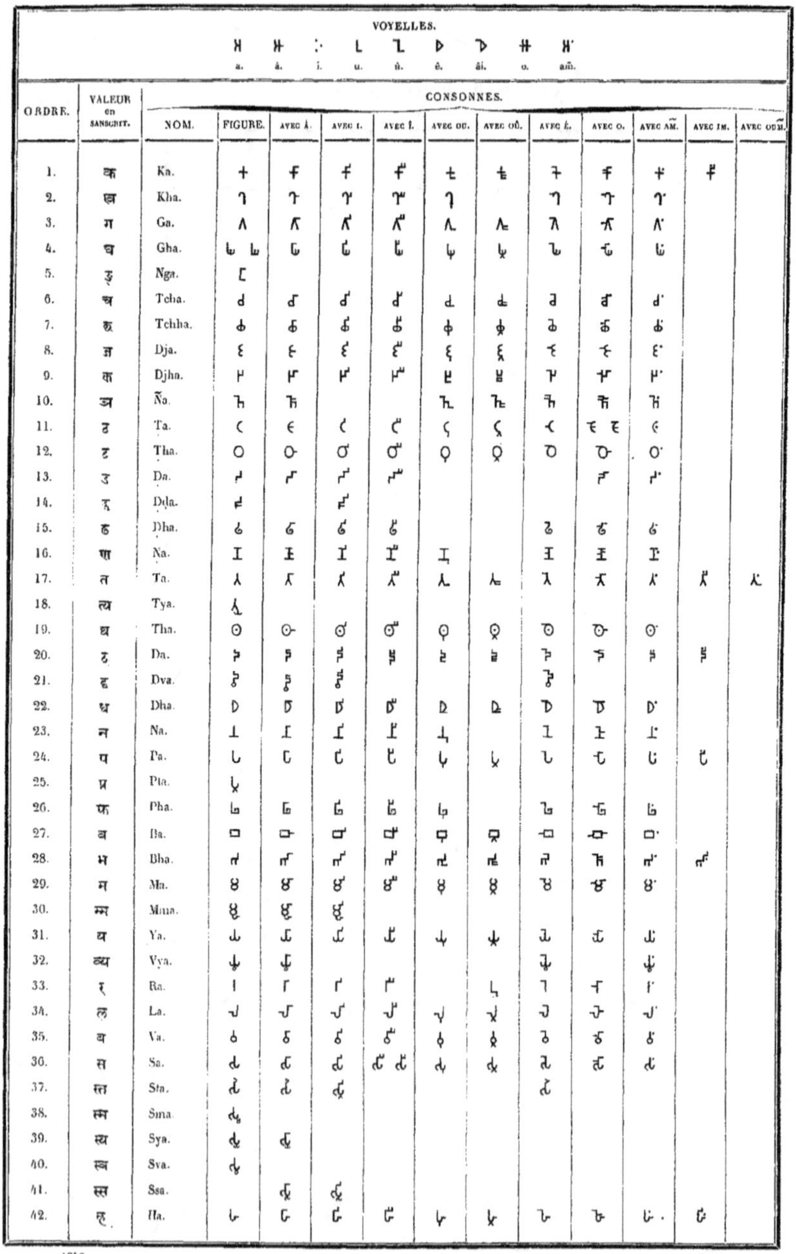

VOYELLES.

a.	â.	i.	u.	û.	ê.	âi.	o.	aṁ.
•	•	•	•	•	•	•	•	•

(The script glyphs of the table below cannot be reproduced; each • marks a cell that carries a Magadha character, blank marks an empty cell.)

ORDRE.	VALEUR en SANSCRIT.	NOM.	FIGURE.	AVEC Â.	AVEC I.	AVEC Î.	AVEC OU.	AVEC OÛ.	AVEC É.	AVEC O.	AVEC AṀ.	AVEC IṀ.	AVEC OUṀ.
							CONSONNES.						
1.	क	Ka.	•	•	•	•	•	•	•	•	•	•	
2.	ख	Kha.	•	•	•	•	•		•	•	•		
3.	ग	Ga.	•	•	•	•	•	•	•	•	•		
4.	घ	Gha.	•	•	•	•	•	•	•	•	•		
5.	ङ	Nga.	•										
6.	च	Tcha.	•	•	•	•	•	•	•	•	•		
7.	छ	Tchha.	•	•	•	•	•	•	•	•	•		
8.	ज	Dja.	•	•	•	•	•	•	•	•	•		
9.	झ	Djha.	•	•	•	•	•	•	•	•	•		
10.	ञ	Ña.	•	•			•	•	•	•	•		
11.	ट	Ta.	•	•	•	•	•	•	•	•	•		
12.	ठ	Tha.	•	•	•	•	•	•	•	•	•		
13.	ड	Da.	•	•	•	•				•	•		
14.	ड़	Dda.	•		•								
15.	ढ	Dha.	•	•	•	•			•	•	•		
16.	ण	Na.	•	•	•	•	•		•	•	•		
17.	त	Ta.	•	•	•	•	•	•	•	•	•	•	•
18.	त्य	Tya.	•										
19.	थ	Tha.	•	•	•	•	•	•	•	•	•		
20.	द	Da.	•	•	•	•	•	•	•	•	•	•	
21.	द्व	Dva.	•	•	•				•				
22.	ध	Dha.	•	•	•	•	•	•	•	•	•		
23.	न	Na.	•	•	•	•	•		•	•	•		
24.	प	Pa.	•	•	•	•	•	•	•	•	•	•	
25.	प्र	Pta.	•										
26.	फ	Pha.	•	•	•	•	•		•	•	•		
27.	ब	Ba.	•	•	•	•	•	•	•	•	•		
28.	भ	Bha.	•	•	•	•	•	•	•	•	•	•	
29.	म	Ma.	•	•	•	•	•	•	•	•	•		
30.	म्म	Mma.	•	•	•								
31.	य	Ya.	•	•	•	•		•	•	•	•		
32.	व्य	Vya.	•	•					•	•	•		
33.	र	Ra.	•	•	•	•		•	•	•	•		
34.	ळ	La.	•	•	•	•	•	•	•	•	•		
35.	व	Va.	•	•	•	•	•	•	•	•	•		
36.	स	Sa.	•	•	•	•	•	•	•	•	•		
37.	स्त	Sta.	•	•	•				•				
38.	स्म	Sma.	•										
39.	स्य	Sya.	•	•									
40.	स्व	Sva.	•										
41.	स्स	Ssa.		•	•								
42.	ह	Ha.	•	•	•	•	•	•	•	•	•	•	

TABLEAU DU CARACTÈRE   TIBÉTAIN 14 POINTS.

CHIFFRES.

ALPHABET ET SYLLABAIRE SANSCRIT.

(CARACTÈRE DÉVANAGARI.)

VOYELLES SUR LE CORPS DES CONSONNES.

BRÈVES.					LONGUES.					DIPHTHONGUES.						
अ	इ	उ	ऋ	ऌ	आ	ई	ऊ	ॠ	ॡ	ए	ऐ	ओ	औ		अं	अः
a.	i.	ou.	ri.	lri.	â.	î.	oû.	rî.	lrî.	é.	ai.	o.	au.		am.	ah.

VOYELLES ET ACCENTS SUPÉRIEURS.									VOYELLES ET ACCENTS INFÉRIEURS.						
é.	ni.	r.	ré.	rai.	m.	ñ.	rm.	rém.	ou.	oû.	ri.	rî.	lri.	lrî.	point de quiescence.

Tableau des consonnes

ORDRE.	NOM.	FIGURES.	AVEC â.	AVEC i.	AVEC î.	AVEC ou.	AVEC oû.	AVEC é.	AVEC âi.	AVEC o.	AVEC âu.
1.	Ka.	क	का	कि	की	कु	कू	के	कै	को	कौ
2.	Kha.	ख	खा	खि	खी	खु	खू	खे	खै	खो	खौ
3.	Ga.	ग	गा	गि	गी	गु	गू	गे	गै	गो	गौ
4.	Gha.	घ	घा	घि	घी	घु	घू	घे	घै	घो	घौ
5.	Nga.	ङ	ङा	ङि	ङी	ङु	ङू	ङे	ङै	ङो	ङौ
6.	Tcha.	च	चा	चि	ची	चु	चू	चे	चै	चो	चौ
7.	Tchha.	छ	छा	छि	छी	छु	छू	छे	छै	छो	छौ
8.	Dja.	ज	जा	जि	जी	जु	जू	जे	जै	जो	जौ
9.	Djha.	झ	झा	झि	झी	झु	झू	झे	झै	झो	झौ
10.	Ña.	ञ	ञा	ञि	ञी	ञु	ञू	ञे	ञै	ञो	ञौ
11.	Ta.	ट	टा	टि	टी	टु	टू	टे	टै	टो	टौ
12.	Tha.	ठ	ठा	ठि	ठी	ठु	ठू	ठे	ठै	ठो	ठौ
13.	D'a.	ड	डा	डि	डी	डु	डू	डे	डै	डो	डौ
14.	D'ha.	ढ	ढा	ढि	ढी	ढु	ढू	ढे	ढै	ढो	ढौ
15.	N'a.	ण ण	णा	णि	णी	णु	णू	णे	णै	णो	णौ
16.	Ta.	त	ता	ति	ती	तु	तू	ते	तै	तो	तौ
17.	Tha.	थ	था	थि	थी	थु	थू	थे	थै	थो	थौ
18.	Da.	द	दा	दि	दी	दु	दू	दे	दै	दो	दौ
19.	Dha.	ध	धा	धि	धी	धु	धू	धे	धै	धो	धौ
20.	Na.	न	ना	नि	नी	नु	नू	ने	नै	नो	नौ
21.	Pa.	प	पा	पि	पी	पु	पू	पे	पै	पो	पौ
22.	Pha.	फ	फा	फि	फी	फु	फू	फे	फै	फो	फौ
23.	Ba.	ब	बा	बि	बी	बु	बू	बे	बै	बो	बौ
24.	Bha.	भ	भा	भि	भी	भु	भू	भे	भै	भो	भौ
25.	Ma.	म	मा	मि	मी	मु	मू	मे	मै	मो	मौ
26.	Ya.	य	या	यि	यी	यु	यू	ये	यै	यो	यौ
27.	Ra.	र	रा	रि	री	रु	रू	रे	रै	रो	रौ
28.	La.	ल ळ	ला	लि	ली	लु	लू	ले	लै	लो	लौ
29.	Va.	व	वा	वि	वी	वु	वू	वे	वै	वो	वौ
30.	Ça.	श श	शा	शि	शी	शु	शू	शे	शै	शो	शौ
31.	Cha.	ष	षा	षि	षी	षु	षू	षे	षै	षो	षौ
32.	Sa.	स	सा	सि	सी	सु	सू	से	सै	सो	सौ
33.	Ha.	ह	हा	हि	ही	हु	हू	हे	है	हो	हौ
34.	La.	ळ	ळा	ळि	ळी	ळु	ळू	ळे	ळै	ळो	ळौ

CHIFFRES.

FIGURES.	VALEUR.
१	1.
२	2.
३	3.
४	4.
५	5.
६	6.
७	7.
८	8.
९	9.
०	0.

PONCTUATION.

ऽ	apostrophe.
। ॥	point final.

1849.   A. P.

ALPHABET GUZARATI.

ORDRE.	FIGURE.	VALEUR.	ORDRE.	FIGURE.	VALEUR.	ORDRE.	FIGURE.	VALEUR.	ORDRE.	FIGURE.	VALEUR.
1.		â initial.	38.		za, dja.	75.		thù.	112.		ra.
2.		à initial.	39.		za.	76.		da.	113.		rì.
3.		â médial.	40.		zà, djà.	77.		di.	114.		ru.
4.		âm.	41.		zi, djî.	78.		du.	115.		rû.
5.		i initial.	42.		zu, dju.	79.		dù.	116.		la.
6.		i médial, précède la consonne.	43.		zù, djù.	80.		dha.	117.		la.
7.		u.	44.		dja.	81.		dhî.	118.		li.
8.		û.	45.		dji.	82.		dhu.	119.		lu.
9.		è initial.	46.		dju.	83.		dhû.	120.		hù.
10.		ô long.	47.		djù.	84.		na.	121.		va.
11.		âi initial	48.		ṭa.	85.		ni.	122.		vi.
12.		ô et û.	49.		ṭî.	86.		nu.	123.		vu.
13.		m̃, sur la ligne.	50.		ṭu.	87.		nù.	124.		vù.
14.		ka.	51.		ṭû.	88.		pa.	125.		ça.
15.		ki.	52.		ṭha.	89.		pî.	126.		çi.
16.		ku.	53.		ṭhì.	90.		pu.	127.		çu.
17.		kû.	54.		ṭhu.	91.		pù.	128.		çù.
18.		kha.	55.		ṭhù.	92.		pha.	129.		sa.
19.		khi.	56.		ḍa.	93.		phî.	130.		sa.
20.		khu.	57.		ḍi.	94.		phu.	131.		si.
21.		khù.	58.		ḍu.	95.		phù.	132.		su.
22.		ga.	59.		ḍù.	96.		ba.	133.		sù.
23.		gi.	60.		ḍha.	97.		bi.	134.		ha.
24.		gu.	61.		ḍhi.	98.		bu.	135.		hì.
25.		gù.	62.		ḍhu.	99.		bû.	136.		hu.
26.		gha.	63.		ḍhù.	100.		bha.	137.		hû.
27.		ghi.	64.		ṇa.	101.		bha.			
28.		ghu.	65.		ṇi.	102.		bhi.			
29.		ghú.	66.		ṇu.	103.		bhî.			
30.		tcha.	67.		ṇù.	104.		bhì.			
31.		tchi.	68.		ta.	105.		bhu.			
32.		tchu.	69.		tî.	106.		bhù.			
33.		tchù.	70.		tu.	107.		ma.			
34.		tchha.	71.		tû.	108.		mî.			
35.		tchhi.	72.		tha.	109.		mu.			
36.		tchhu.	73.		thi.	110.		mù.			
37.		tchhù.	74.		thu.	111.		y et i.			

CHIFFRES.

FIGURE.	VALEUR.
	1.
	2.
	3.
	4.
	5.
	6.
	7.
	8.
	9.
	0.

1849.

A. P.

ALPHABET ET SYLLABAIRE TAMOUL.

ORDRE.	FIGURE.	VALEUR.
1.	□	a
2.	□	â
3.	□	â (médial)
4.	□	i
5.	□	i (médial)
6.	□	î
7.	□	î (medial)
8.	□	u
9.	□	û
10.	□	e
11.	□	e (médial)
12.	□	é
13.	□	é (médial)
14.	□	ai
15.	□	ai (médial)
16.	□	o
17.	□	ô
18.	□	k
19.	□	ka
20.	□	ki
21.	□	kî
22.	□	ke
23.	□	ké
24.	□	g
25.	□	ga
26.	□	ch
27.	□	cha
28.	□	chi
29.	□	chî
30.	□	chu
31.	□	chû
32.	□	ñ
33.	□	ña
34.	□	ñu
35.	□	ñû
36.	□	ḍ
37.	□	ḍ
38.	□	ḍa
39.	□	ḍi
40.	□	ḍî
41.	□	ḍu
42.	□	ḍû
43.	□	ṭi
44.	□	ṭî
45.	□	ŋ
46.	□	ŋa
47.	□	ŋâ
48.	□	ŋi
49.	□	ŋî
50.	□	ŋu
51.	□	ŋû
52.	□	ŋài
53.	□	ŋà
54.	□	t
55.	□	ta
56.	□	ti
57.	□	tî
58.	□	tu
59.	□	tû
60.	□	tti
61.	□	ttu
62.	□	tra
63.	□	n
64.	□	ñà
65.	□	na
66.	□	ni
67.	□	nî
68.	□	nu
69.	□	nû
70.	□	p
71.	□	pa
72.	□	pi
73.	□	pî
74.	□	pu
75.	□	pû
76.	□	m
77.	□	ma
78.	□	mi
79.	□	mî
80.	□	mu
81.	□	mû
82.	□	y
83.	□	ya
84.	□	yi
85.	□	yî
86.	□	yu
87.	□	yû
88.	□	r
89.	□	ra
90.	□	ri
91.	□	ri
92.	□	ri
93.	□	ru
94.	□	rû
95.	□	l
96.	□	la
97.	□	li
98.	□	lî
99.	□	lu
100.	□	lû
101.	□	lài
102.	□	lài
103.	□	v
104.	□	va
105.	□	vi
106.	□	vî
107.	□	vu
108.	□	vû
109.	□	j
110.	□	ja
111.	□	ji
112.	□	jî
113.	□	ju
114.	□	jû
115.	□	l
116.	□	la
117.	□	li
118.	□	lî
119.	□	lu
120.	□	lû
121.	□	lài
122.	□	lài
123.	□	rr
124.	□	rra
125.	□	rrà
126.	□	rri
127.	□	rrî
128.	□	rru
129.	□	rrû
130.	□	n
131.	□	na
132.	□	nâ
133.	□	ni
134.	□	nî
135.	□	nu
136.	□	nû
137.	□	nài
138.	□	nài
139.	□	ch
140.	□	cha
141.	□	chi
142.	□	chî
143.	□	chu
144.	□	chû
145.	□	chṭa
146.	□	chṭi
147.	□	chṭî
148.	□	s
149.	□	sa
150.	□	sta
151.	□	krh
152.	□	kcha
153.	□	kchi
154.	□	kchi
155.	□	kchî
156.	□	(prolongement)
157.	□	. . . . .

CHIFFRES.

FIGURE.	VALEUR.
□	1
□	2
□	3
□	4
□	5
□	6
□	7
□	8
□	9
□	10
□	100
□	1000

ALPHABET TÉLOUGOU.

ORDRE.	VOYELLES.		CONSONNES.					
	FIGURES.	VALEUR.	ORDRE.	FIGURES.	VALEUR.	ORDRE.	FIGURES.	VALEUR.
1.	అ	a.	20.	క	ka.	39.	న	na.
2.	ఆ	à.	21.	ఖ	kha.	40.	ప	pa.
3.	ఇ	i.	22.	గ	gu.	41.	ఫ	pha.
4.	ఈ	î.	23.	ఘ	gha.	42.	బ	ba.
5.	ఉ	u.	24.	ఙ	nga.	43.	భ	bha.
6.	ఊ	û.	25.	చ	tcha.	44.	మ	ma.
7.	ఋ	ri.	26.	ఛ	tchha.	45.	య	ya.
8.	ౠ	rî.	27.	జ	dja.	46	ర	ra.
9.	ఌ	lu.	28.	ఝ	djha.	47.	ల	la.
10.	ౡ	lû.	29.	ఞ	gna.	48.	వ	va.
11.	ఴ	lri.	30.	ట	ta.	49.	శ	ça.
12.	ఎ	e.	31.	ఠ	tha.	50.	ష	cha.
13.	ఏ	è.	32.	డ	da.	51.	స	sa.
14.	ఐ	aï.	33.	ఢ	dha.	52.	హ	ha.
15.	ఒ	o.	34.	ణ	na.	53.	ళ	lla.
16.	ఓ	ô.	35.	త	ta.	54.	క్ష	kcha.
17.	ఔ	aou.	36.	థ	tha.	55.	ఱ	rra.
18.	అం	añ.	37.	ద	da.			
19.	అః	nḥ.	38.	ధ	dha.			

FIGURES ACCESSOIRES.

SUPÉRIEURES.

à. i. î. e. aï. o. ô. âu.

AFFIXES.

u. û. ri. rî. m̃. nḥ. an. r. pà. ya. va. redoublement du S ka.

INFÉRIEURES.

na. nei. ra. lo. sa.

ALPHABET BARMAN ET PALI.

VOYELLES INITIALES.									VOYELLE ANTÉRIEURE.	VOYELLES MÉDIALES.					
a.	â.	i.	î.	e.	ou.	oû.	o.	oi.	e.	a.	à.	âu.	ou.	oû.	yà.

VOYELLES SUPÉRIEURES.			VOYELLES INFÉRIEURES.			CONSONNES ET FIGURES ACCESSOIRES.							
i.	î.	âi.	ou.	oû.	oû.	sha.	cha.	b.	b.	hv.	ñ.	ña.	nga. suspension.
								intérieur.	inf.	supérieur.	inférieur.	supérieur.	supérieur.

CONSONNES.

N°		
1.		ka.
2.		kha.
3.		ga.
4.		gha.
5.		nga.
6.		tcha.
7.		tchha.
8.		dja.
9.		djha.
10.		ña.
11.		ta.
12.		tha.
13.		da.
14.		dha.
15.		na.
16.		ta.
17.		tha.
18.		da.
19.		dha.
20.		na.
21.		pa.
22.		pha.
23.		ba.
24.		bha.
25.		ma.
26.		ya.
27.		ra.
28.		la.
29.		va.
30.		sa.
31.		ha.
32.		la.

SIGNES DE DISJONCTION.

| ||

LIGATURES ET CHIFFRES.

kha.		thou.		rou.	
kya.		dru.		roû.	
kra.		nou.		ra.	
kri.		nta.		rva.	
krî.		ntha.		hra (cha).	
krvañ.		nda.		hrou (chou).	
khou.		ndra.		hrva (chva).	
khya.		ndha.		li.	
khra.		nva.		lroi.	
gra.		hna.		vya.	
gha.		hnou.		sou.	
gya.		hava.		ssa.	
ngri.		pou.		rré.	
tchi.		pya.		ong.	
djou.		pra.			
djoñ.		pcâi.			
djva.		pri.			
ñou.		prva.			
ñoû.		phou.			
ñâ.		phra.			
hña.		phrâi.			
ñtcha.		phrañ.			
ûtchha.		bra.			
ñdja.		mya.			
ûdjha.		mra.			
ñva.		mrâi.			
hñva.		mri.			
ttha.		mri.			
ddha.		you.			
ti.		yya.			
tra.		rá.			

CHIFFRES.

	1.
	2.
	3.
	4.
	5.
	6.
	7.
	8.
	9.
	0.
	10.
	20.
	100.
	200.
	1/2 once.
	1 grain.

ALPHABET JAVANAIS.

CONSONNES

ORDRE.	SIMPLES.	EN LIGATURES.	NOM.
1.			Hā.
2.			Nā.
3.			Tchā.
4.			Rā.
5.			Kā.
6.			Dā.
7.			Tā.
8.			Sā.
9.			Vā.
10.			Lā.
11.			Pā.
12.			D'ā.
13.			Djā.
14.			Yā.
15.			Gnā (mouillé).
16.			Mā.
17.			Gā.
18.			Bā.
19.			Tā.
20.			Ngā.
21.			Pa-tchērē.
22.			Nga-lêlêt.

FORME
DE QUELQUES LETTRES DANS LES NOMS PROPRES.

ORDRE.	SIMPLES.	EN LIGATURES.	NOM.
1.			Nā.
2.			Tchā.
3.			Kā.
4.			Tā.
5.			Sā.
6.			Pā.
7.			Gnā (mouillé).
8.			Gā.
9.			Bā.

LETTRES MODIFIÉES
POUR TRANSCRIRE EN JAVANAIS DES SONS DE L'ALPHABET ARABE.

FIGURE.	NOM.	VALEUR EN ARABE.
	Khà.	ح
	Fā.	ف
	Zā.	ز
	Ghà.	غ

VOYELLES DU CORPS.

A.	I.	OU.	E.	O.

VOYELLES ET SIGNES ORTHOGRAPHIQUES.

FIGURE.	NOM.	VALEUR ET OBSERVATIONS.
	Pĕpĕt.	E.
	Oulon ou Woulou.	I.
	Soukou.	Ou.
	Taling.	E.
	Taling Paroung.	O.
	Paten ou Pankon.	Signe placé après une consonne pour indiquer la suppression de la voyelle inhérente à cette consonne.
	Sangñan ou Wigñan.	H (à la fin d'une syllabe).
	Tchĕtcha'.	Ng (à la fin d'une syllabe).
	Layar.	R (à la fin d'une syllabe).
(ou 6	Tchäkrä.	R (entre une consonne et la voyelle qui la suit).
	Kĕrrĕt.	Rĕ (après une consonne).
	Pinkal.	Y (après une consonne).

ALPHABET BOUGUI.

ORDRE.	FIGURE.	NOM.	VALEUR.
1.	≠	Ka	K
2.	⋎	Ga	G
3.	⋏	Gna	Gn
4.	↑	N'kak	k
5.	⌣	Pa	P
6.	⋏	Ba	B
7.	⌣	Ma	M
8.	⋏	M'pak	P
9.	⌒	Ta	T
10.	⋮	Da	D
11.	⌃	Na	N
12.	≈	N'rak	R
13.	∿	Tcha	Tch
14.	○	Ja	J
15.	⌣	Nia	Nî
16.	⚘	N'chakk	Ch
17.	⌃	A	A, I
18.	⊇	Ra	R
19.	⋌	La	L
20.	⋀	Va	V
21.	○	Sa	S
22.	⊛	Ha	H
23.	⌣	Iya	Assemblage de ' et ⌣

VOYELLES.

La voyelle *a* est inhérente à chaque consonne lorsque celle-ci n'est pas affectée d'une voyelle mobile.

Voyelles mobiles.

- ⌐ *e*, se place avant la consonne.
- 1 *o*. ———— après la consonne.
- . inférieur à la consonne, *ou*.
- · supérieur, *i*.
- ✓ supérieur, se prononce *eu*, *eue* ou *un*, selon la place qu'il occupe dans le mot, ou la lettre qu'il précède.

————

SIGNES DE PONCTUATION.

- ⋮ se place à la fin d'une phrase.
- ♦ ———— à la fin du sujet.

————

EXEMPLE DE LECTURE.

ianei seupoulou eupah pasalun lontarak

cilaah iyunaturuh kouvri matovei

amana gapa ritana Mangkasak kori

hajeureunei seseubou aroua poulona pilou

MUSIQUE ARMÉNIENNE.

Sur 8 points.

Sur 10 points.

Sur 14 points.

MUSIQUE GRECQUE MODERNE.

Sur 4 points.

Sur 5 points.

Sur 6 points.

Sur 8 points.

Sur 9 points.

Sur 10 points.

Sur 11 points.

Sur 12 points.

Sur 14 points.

Sur 16 points.

Sur 20 points.

MUSIQUE HÉBRAÏQUE.

Sur 5 points.

Sur 8 points.

1839.